LIBERTY
PUBLISHING HOUSE
NEW YORK

Harold Flender

RESCUE IN DENMARK

HOLOCAUST LIBRARY
NEW YORK

Харолд Флендер

ДАТСКИЙ УРОК

СПАСЕНИЕ ЕВРЕЕВ ДАНИИ

Перевод Марка Гутина

LIBERTY PUBLISHING HOUSE
NEW YORK

Harold Flender
Rescue in Denmark

Russian title: *Datsky urok*

Ilya Levkov — Publisher
Liberty Publishing House, Inc.
475 Fifth Avenue, Suite 511
New York, NY 10017-7274
Tel: (212) 679-4620
Fax: (212) 447-7558
www.Liberty-Publishing.com
Publisher@Liberty-Publishing.com

Copyright for the English edition *Rescue in Denmark*
© 1963 Harold Flender

The exclusive right to translate this book from the English
and publish it in the Russian was granted by Enid Flender,
the author's widow.
Copyright for the Russian translation & notes
© 2003 Mark I. Gutin, Ph.D.

Copyright for the book's design, layout, the covers, its title
and the Introduction by Ilya Levkov
© 2006 Liberty Publishing House

All rights reserved including rights of reproductions.
No part of this book may be used or reproduced in any
manner without written permission of the Publisher, except
in the case of brief quotations embodied in critical articles
and reviews.

Book Design: Asya R. Kunik
Cover Design: Dimitri Koukarkin

ISBN 1-932686-11-8

Library of Congress Control Number: 2006925066

Мне приятно поблагодарить от своего имени и от имени всех русскоязычных читателей вдову Х. Флендера Инид Флендер (Enid Flender) за дарованное право на перевод и публикацию книги ее мужа.

Мне также хочется высказать свою искреннюю признательность лауреату Нобелевской премии Эли Визелю (Elie Wiesel), другу Х. Флендера, за моральную поддержку, оказанную мне при переводе этой книги.

Марк Гутин

СОДЕРЖАНИЕ

От издателя 9

Предисловие 15

Пролог 23

Глава I. ОККУПАЦИЯ
1. Канарейка Гитлера 25
2. Наследие 37

Глава II. РЕЙД
3. Немцы меняют свои намерения 45
4. Совесть 55
5. Оповещение 64
6. В тайных убежищах 79

Глава III. ИСХОД
7. Бегство 94
8. Покупатели не нужны 106
9. Первая помощь 118
10. Буржуазная домохозяйка 134
11. Группа в Луннбю 153
12. «Клуб портных-любителей
    Хельсингера» 159
13. «Агентство перевозок» 180
14. Стреляющий пастор 191
15. Две женщины 197
16. Поставщик вин 205
17. Переправа 219

Глава IV. ПОСЛЕДСТВИЯ
18. Схваченные 227
19. Саботаж 246
20. В Швеции 264
21. Добро пожаловать в Данию! 277
22. Почему датчане? 284

Благодарности 292

ОТ ИЗДАТЕЛЯ

ПОСЛЕ ВТОРОЙ МИРОВОЙ войны остался единственный в своем роде моральный урок, которому и посвящена эта книга.

Канули в небытие как стратегические, так и политические уроки, которыми человечество могло бы воспользоваться в третьем тысячелетии. Но остался незыблемым урок гражданственности, преподанный маленьким европейским королевством — Данией. Именно суть и важность этого урока для будущего нашей цивилизации и послужили решающим толчком для издания этой книги на русском языке.

Сущность этого урока сводится к тому, что простые люди, а не какие-нибудь герои, не будучи знакомы с евреями, не ахти как почитавшие их, не имея ничего общего с ними, кроме датского гражданства, не позволили внутренним и внешним силам расколоть их страну по религиозному принципу и расовым предрассудкам. Простые датчане бросили вызов немецкой политической и военной машине, которая к этому времени поработила уже Европу.

Как же это произошло, что именно это маленькое королевство, в котором Шекспир заметил темные пятна истории, смогло преподать народам мира такой светлый урок европейской цивилизации? В рамках этого вступления невозможно определить и проанализировать культурные корни, которые и привели к этому гражданскому сопротивлению, превосходящему саму защиту страны от немецкой оккупации.

Мы можем заняться поиском ответа, пытаясь найти его в сказках Андерсена... но на его сказках выросли и все остальные дети Европы. Однако в мире произошло то, что австрийский поэт Пауль Целан в одном из самых трагических стихотворений, посвященных Холокосту — «Фуга смерти», — запечатлел в следующих строчках:

Черное млеко рассвета
мы пьем тебя ночью
мы пьем тебя в полдень
смерть это мастер германский
мы пьем тебя утром
и на ночь мы пьем тебя пьем
смерть это мастер германский
его глаз голубой
свинцовой пулей настигнет тебя...

Перевод А. Глазовой

Что же произошло с датчанами, неужели только они помнили того мальчика, который сказал: «А король-то голый!», и что недостаточно носить костюм от Армани, чтобы считаться настоящим европейцем.

Менее известен другой подобный урок, преподанный одной маленькой восточно-европейской монархией — Болгарией, откуда не был выслан ни один еврей, и это единственная страна под нацистским игом, в которой численность еврейского населения увеличилась во время войны. Главными учителями этого урока был болгарский царь Борис III и глава болгарской церкви митрополит Стефан.

Царь Борис уникально сочетал в себе сильные и слабые стороны характера, которые и привели его к аннулированию его же прежнего указа о выселении евреев 9 марта 1943 года.

Будучи царем страны, которая чтит память Александра II как освободителя от турецкого владычества, Борис был связан многими личными нитями с Россией: его крестным был Николай II, Столыпин был убит на его глазах. Во время войны Болгария была единственным союзником Германии, которая не порвала дипломатические отношения с СССР.

Сам царь вырос в немецкой культуре, но был демократом с большой буквы. Он не имел ничего общего с Гитлером и Муссолини. Он был женат на итальянской принцессе, дочери итальянского короля Виктора Эммануила III. Его брак был заключен по католическому обряду в Риме и был признан, хотя и неохотно, митрополитом Болгарии без православного обряда.

В годы войны евреи составляли пятьдесят одну тысячу жителей Болгарии, кроме того к ним прибавились одиннадцать с половиной тысяч человек из оккупированной части Македонии и Южной Добруджи. Политика царя была основана на обещании Германии позволить ему вернуть территории, принадлежащие когда-то Болгарии, поэтому-то он и решился присоединиться к Гитлеру. Одновременно Борис искал пространство для политических маневров и откладывал требования Гитлера и его представителя в правительстве о высылке болгарских евреев.

В этой сложной игре царь выигрывал и проигрывал одновременно: таким образом Болгария сама, без немецкого давления поспешила принять закон «О защите нации», подобный Нюрнбергским антиеврейским законам, но всех евреев мужчин сразу записали в «Рабочие батальоны Болгарской армии» и тем самым оградили от внезапной высылки. Все остальные евреи должны были носить шестиконечную звезду, но это была «самая маленькая звездочка», которую носили евреи в оккупированных Третьим Рейхом странах.

Сегодня эти уроки совести и гражданственности должны быть опубликованы и поняты не только лидерами европейских стран, но и гражданами этих стран. Личный героизм — это не обязательно броситься на дзот. Личный героизм — это достойное поведение в очень нестандартных обстоятельствах, когда легче всего закрыть глаза, заткнуть уши и спрятать подальше совесть.

Сегодня королевство Дания опять находится под внешней угрозой со стороны радикальных исламистов из-за напечатанных карикатур, затрагивающих святыню ислама. Но никто не обращает внимания, что шестидесятичетырехлетняя бабушка, имеющая более сорока внуков, взрывает себя и израильских солдат во имя ислама.

Сегодня мы обязаны вспомнить и почтить тех людей, которые выдержали экзамен истории и оставили нам незабываемый урок. Будем надеяться, что его изучат многие граждане в третьем тысячелетити и их внуки будут этим гордиться.

Илья Левков

ПОСВЯЩЕНИЕ ПЕРЕВОДЧИКА

На окраине бывшего еврейского местечка в Белоруссии находится могила схваченных немцами и их местными помощниками, замученных и убитых евреев округи. В той могиле — мой дед по материнской линии Борис Фрумкин и другие родные. Я никогда не видел никого из них, но помню, как горестно плакала мама, получив где-то перед концом войны письмо о том, что случилось. Лишь спустя много лет удалось найти имена погибших в Центре Яд-Вашем. Младшему из убитых было два года.

Памяти загубленной в Холокосте доброй и дружной семьи посвящается русский перевод этой книги.

Я благодарен Илье Левкову — издателю и просветителю — за оценку общественной значимости свидетельств того, как Дания, одна из старейших в мире демократий, спасала своих граждан-евреев в годы нацистской оккупации.

Марк Гутин

Всем датчанам — тем, чьи имена названы и не названы в этой книге.

ПРЕДИСЛОВИЕ

ПО МЕРЕ ТОГО КАК открывались все новые факты в суде над Эйхманом, для меня становилось очевидно, что рассказы о нацистских преступлениях, хотя о них и было многое уже известно, по-прежнему способны вызывать шок. Особенно угнетали и удручали свидетельства, напоминающие вновь и вновь не только о человеческом безразличии и равнодушии, но порой и поддержке, которая оказывалась чудовищным мерзостям нацистов во многих оккупированных странах — Австрии, Польше, Чехословакии, на Украине. Перечень стран, запятнавших себя таким позором, оказался длинным и охватил большую часть Европы.

Но вот в один из дней судебного разбирательства была упомянута Дания в контексте того, как эта маленькая страна спасла во время Второй мировой войны практически всех своих еврейских граждан. Это было всего лишь короткое упоминание, сопровождаемое весьма скупыми фактами. В октябре 1943 г. немецким командованием было принято решение отправить восемь тысяч евреев Дании в лагеря смерти.

15

Вся страна ответила на это подпольным движением, целью которого была переправка этих восьми тысяч в Швецию. Это был один из тех немногих случаев, когда Эйхман потерпел поражение. В бешенстве он прилетел в Копенгаген, но изменить что-либо оказался не в состоянии. Евреи были спасены.

Большая часть сведений об этом событии, ставшем достоянием гласности, были сообщены суду датским евреем, который сам был тайно переправлен в Швецию в период нацистской оккупации Дании. Так случилось, что он находился в Израиле, когда начался суд над Эйхманом, и, следовательно, имел возможность дать суду свои свидетельские показания. Это был Давид Мельхиор, сын главного раввина Дании. Когда он закончил свое выступление, судья Моше Ландау повернулся к судье Ицхаку Раве и сказал: «Воистину, это было счастливо звучащее интермеццо — отступление».

Для меня же свидетельство Давида Мельхиора было больше, чем просто радостное интермеццо в страшной партитуре. Это был единственный луч света во мраке европейского континента.

Я рассказал моему другу Арнольду Форстеру о глубоком впечатлении, которое произвело на меня свидетельство молодого Мельхиора. Арнольд предложил мне прочитать книгу «Октябрь 43-го», написанную Оге Бертелсеном, датским пастором и школьным учителем. В ней рассказывалось, как Бертелсен и его жена участвовали в деятельности подпольной студенческой группы, которая отвечала за организацию бегства сотен евреев из Дании в Швецию. Когда Бертелсена спросили, что заставило его рисковать собственной жизнью, помогая евреям, пастор и учитель ответил: «Эти люди находились в смертельной

СПАСЕНИЕ ЕВРЕЕВ ДАНИИ

опасности, так что у нас не было выбора. Мы должны были делать то, что мы делали».

Впечатление от «Октября 43-го» подтвердило то, что я уже предполагал: история спасения датчанами евреев своей страны была свидетельством человечности, столь необходимой людям. Я понимал, что эта история должна стать известной как можно большему числу людей, потому что она оказалась неким противовесом тому отчаянию и безнадежности, которые возникли после показаний на суде над Эйхманом. Моей первой мыслью было сделать документальный телевизионный фильм.

Я поделился этой идеей с Ричардом Симановским, продюсером религиозной программы *Look Up and Live* на телевизионном канале Си-би-эс. Он поддержал мое предложение.

14 августа 1961 г. мы вылетели в Данию и приступили к исследованиям, связанным с нашим проектом. Поначалу было сложно убедить датчан помогать нам: они были героями, не любившими говорить о своем геройстве, да и не воспринимали себя как героев. Большинство из них не находили ничего экстраординарного в том, что сделали. Они были согласны со своим соотечественником Моугенсом Фиске, помогшим бежать многим евреям: «Это просто человеческое дело, которое должно было быть сделано». Они не могли взять в толк, зачем вообще об этом теперь говорить. Меньшая по численности группа сознавала, что датчане проявили себя в отношении евреев совсем иначе, чем другие европейцы, но они опасались, что разговоры об этом могли бы уменьшить значимость того, что было ими сделано. Они были против каких бы то ни было форм популяризации этого факта, тем более, если это было хоть как-то связано с его коммерциализацией. Потребовалось немалое

17

красноречие, чтобы побудить их принять участие в нашем телевизионном фильме.

В конце концов мы смогли снять наш фильм с показом людей, участвовавших в спасении, и мест, где происходили описываемые события. Фильм «An Act of Faith» вышел в двух частях и был показан 19 и 26 ноября 1961 г. Он встретил настолько необычно теплый прием у зрителей и критики, что обе части были повторно показаны 31 декабря. Помимо этого, Антидиффамационная Лига* подготовила получасовую версию фильма для религиозных, гражданских и учебных организаций. Отзывы на фильм были в основном благоприятными.

Однако я сознавал, что мы смогли рассказать лишь малую толику всей истории спасения. Более полное и глубокое освещение могло было быть сделано только в книге. «Октябрь 43-го» была хорошей документальной книгой, но в ней говорилось о деятельности только одной группы спасения — группы в Луннбю. Мне же хотелось рассказать о деятельности всех основных групп.

В феврале 1962 г. я вновь отправился в Данию и провел там несколько месяцев в беседах со множеством тех, кто спасал, и тех, кого спасли. Помимо этого я просмотрел все доступные книги, статьи, архивные материалы в Дании и Германии, которые имели отношение к интересующей меня теме.

Эта книга — результат проделанной работы. Я не мог привести в ней все имена, которые следовало

---

*Создана еврейской организацией «Бнай Брит» в 1913 г. для борьбы со всеми формами антисемитизма в социальной, политической и экономической сферах. (*Здесь и далее, если это специально не оговорено, примеч. перев.*)

18

бы. Чтобы это сделать, потребовался бы фолиант, набранный более мелким шрифтом, большего размера, чем телефонный справочник Манхэттена, поскольку фактически все население Дании участвовало в спасении евреев.

* * *

В Иерусалиме находится мемориал, известный миру как «Яд ва-Шем» (Yad Vashem). Это памятник жертвам злодеяний, совершенных против еврейского народа во время Второй мировой войны. Как и суд над Эйхманом, он служит необходимым напоминанием о глубинах безнравственности, в которую способен погрузится человеческий род. Быть может, пришло время для иного типа памятника — памятника не безнадежности, а надежде и не смерти, а жизни. Такой монумент был бы напоминанием о тех, кто рисковали, а часто и жертвовали своей жизнью, чтобы другие смогли прожить отведенное им время на Земле. Не все памятники должны быть из камня и мрамора. Быть может, самые долгоживущие памятники — не рукотворные, а те, что в умах и сердцах людей. Такой цели и посвящена эта книга о датском спасении евреев.

Х. Ф.
Нью-Йорк, 1963

От начала и до конца есть только один герой — народ.

Жюль Мишле

ПРОЛОГ

В ПЯТНИЦУ УТРОМ, 30 сентября 1943 г., раввин старейшей (она существовала 110 лет) синагоги Копенгагена Маркус Мельхиор стоял перед Святым ковчегом, где хранятся свитки Торы.

Это был канун Рош Ашана — еврейского Нового года. В синагоге собралось около 150 ее членов. Они были озадачены тем, что раввин был не в подобающем церемонии одеянии.

«Сегодня утром службы не будет, — объявил он. — Вместо службы я должен сказать вам нечто чрезвычайно важное. Минувшей ночью я получил сообщение, что на завтрашний день немцы запланировали налет на еврейские дома по всему Копенгагену, чтобы собрать всех датских евреев для последующей отправки их в концентрационные лагеря. Немцы понимают, что завтра праздник Рош Ашана и наши семьи будут дома. Положение крайне серьезное. Мы обязаны немедленно принять меры. Вы должны быстро покинуть синагогу и, не теряя ни минуты, войти в контакт со всеми родственниками, друзьями, соседями, о ко-

23

торых вы знаете, что они евреи, и сообщить им то, что вы сейчас от меня услышали. Вы должны сказать им, чтобы они передали сведения о планах немцев всем евреям, которых они знают. Помимо того, вы должны переговорить со своими друзьями-христианами и просить их предупредить евреев. Вы должны сделать это немедленно, сию же минуту, чтобы уже через два-три часа каждый знал, что происходит. До наступления ночи все мы должны скрыться в тайных убежищах».

ГЛАВА I

ОККУПАЦИЯ

1

КАНАРЕЙКА ГИТЛЕРА

Дания, твое счастье и счастье твоего народа точно песочный дом, что рассыпается на глазах.

Карл Рос

В 3.30 утра 9 апреля 1940 г. в штаб-квартире Генерального штаба Дании в Копенгагене зазвонил телефон. Этот звонок, как и последовавшие за ним, определили судьбу Дании на ближайшие пять лет. Первый звонок поступил с границы, и встревоженный голос сообщил о «сильном гуле моторов», который был слышен вдоль всего пути от Ренса до Арентофта. Второй звонок раздался в 4.30 утра, и взволнованный голос сообщил, что немецкие войска перешли датскую границу у Крусаа. Спустя пять минут командование Военно-морского флота объ-

25

явило, что немецкие солдаты высадились у Ассенса, Миддельфарта и Нюборга. В 4.32 утра Генеральному штабу доложили, что немцы уже высадились на берегу у Корсера. Через час сообщения начали поступать одно за другим, и этот поток буквально захлестнул все телефонные линии в штаб-квартире Генштаба. В 4.32 утра генерал Приор, главнокомандующий Вооруженными силами Дании, был разбужен у себя дома требованием немедленно явиться к военному министру. Едва он прибыл, как ему сообщили, что немецкие войска и авиация вторглись на территорию Дании и что германский посол вручил ноту датскому министру иностранных дел, в которой говорится, что вооруженные силы Германии берут на себя защиту Дании от территориальных угроз со стороны Великобритании. Кроме того, генерал узнал, что король, вице-адмирал и министры собрались в замке Амаленборг для обсуждения немецкого требования капитуляции.

Прежде чем туда отправиться, генерал Приор распорядился о приведении в боевую готовность гвардии у Амаленборга и отдал приказ всем вооруженным силам, дислоцированным на острове Зеландия, оказывать сопротивление немецким войскам как на суше, так и в воздухе.

Когда генерал Приор добрался до замка Амаленборг, солдаты датской гвардии уже вели огонь по немецким войскам на Дворцовой площади. Генерал Приор был за военное сопротивление. Возражая против подчинения немецкому ультиматуму, он предложил королю Дании и правительству укрыться в находящемся неподалеку военном лагере близ города Хювелте. Король, премьер-министр Стаунинг и министр иностранных дел Мюнх отвергли это предложение. В 6 утра было решено подчиниться требованиям немцев, и король отдал приказ гвардейцам на Дворцовой площади прекратить огонь.

Генерал Приор возвратился к министру обороны, где он вынужден был с большой неохотой отдать приказ вооруженным силам по всей стране прекратить всякое дальнейшее сопротивление. Менее чем за два часа Дания полностью капитулировала. С 900-летней непрерывной свободой было покончено. На протяжении последующих пяти лет Дании предстояло жить в условиях немецкой оккупации.

Уинстон Черчилль назвал Данию «канарейкой убийцы-садиста». Но даже если Гитлер и обращался поначалу с Данией, как с сытой, изнеженной, избалованной канарейкой, то это было лишь только потому, что Дания всем своим поведением подтверждала желание быть в клетке.

Если сравнить численность датских вооруженных сил в периоды 1914—1918 и 1930—1940 гг., станет видно насколько меньше беспокоила Данию гитлеровская Германия, чем Германия кайзера. В 1914 г. вооруженные силы Дании насчитывали 55 тысяч человек. В течение четырех лет, по мере того как немецкая опасность уменьшалась, это количество сократилось до 28 тысяч. К началу Второй мировой войны, в 1939 г., армия Дании насчитывала 36 тысяч человек. В течение последующих шести месяцев, несмотря на возросшую опасность, численность вооруженных сил страны была сокращена до 14 тысяч.

Некоторые историки считают, что датчане не допускали мысли о вторжении Германии и их единственным желанием было сохранить нейтралитет, который оказался благом для них во время Первой мировой войны. Это лицемерный довод. Датчане отлично знали о намерениях Германии в отношении их страны. Еще 2 марта 1935 г. выходящая в Готенбурге *Трейд энд шипинг газет* писала: «Высшее военное руководство Германии давно занимается проблемой обеспечения Германии продовольствием на случай войны. Поскольку объем продукции сельского хозяйства недостаточен для обеспечения продовольственных нужд как армии, так и гражданского населения, а также с учетом того, что результат войны может в конечном счете оказаться зависящим от обеспечения поставок продовольствия, генерал Геринг разработал план, который нацелен на оккупацию Даниии и Литвы войсками Германии непосредственно с началом войны. По этом плану, основанному на моделях Большой войны, обе указанные страны после их полной оккупации должны быть использованы в качестве немецких военных складов мясных и молочных продуктов. Северный Шлезвиг и Мемель должны служить в качестве предлога для вторжения в Данию и Литву. Разработанный во всех деталях план Геринга был одобрен господином Гитлером и Генеральным штабом».

Чтобы гарантировать успех своего плана, разработанного за несколько лет до вторжения, Геринг отправился 23 июля 1938 г. с личным визитом в Данию на своей яхте «Карэн II». Яхту сопровождали два немецких военных корабля, торпедный катер и минный тральщик. В фиорде Ньюбора с яхты Геринга были спущены два лимузина «мерседес-бенц», пассажирами которого были офицеры немецкой разведки. В то время как яхта направилась из Ньюбора в Копенгаген, оба лимузина следовали тем же маршрутом по берегу. Таким образом, офицеры немецкой разведки смогли провести обследование как морских, так и береговых фортификационных сооружений вдоль побережья Зеландии. Жители страны оказали Герингу весьма холодный прием. Привыкшие к тому, что их король разъезжает по стране безо всякого эскорта, они язвительно шутили над Герингом, который был постоянно окружен личной охраной из пяти гестаповцев.

Однако отношение датского правительства к Герингу было иным. Правительство не высказало возражений против его инспекционных туров. Оно не протестовало и ничего не делало, чтобы как-то воспрепятствовать тому восторгу, с которым Геринга встречали члены немецкой колонии в Дании, к которой принадлежали и несколько тысяч немцев, оставшихся сиротами после Первой мировой войны и нашедших приемных родителей среди датчан. Правительство проявляло осторожность в отношении любых высказываний или действий, которые могли бы вызвать раздражение Германии. Это была та же самая позиция, которая однажды уже побудила датское правительство (в 1934 г.) закрыть издававшийся в Дании антинацистский сатирический журнал.

После прихода нацистов к власти в Германии Дания практически ничего не делала для защиты от немецкого вторжения. Оборонительные сооружения, единственные в стране, были построены только на западном побережье и были обращены в сторону Англии. Они служили своего рода предупреждением, что Дания готова защищать свой нейтралитет от угрозы со стороны Англии, но не Германии. Не были проведены подготовительные мероприятия по минированию мостов или блокированию дорог вдоль границы с Германией. Несмотря на циркулирующие слухи в дни, предшествующие 9 апреля 1940 г., о планах нападения немцев на Норвегию и Данию и несмотря на соответствующие требования командования вооруженных сил, не была проведена мобилизация, не были мобилизованы даже части прикрытия. Хотя армия запросила разрешение на концентрацию войск или, по крайней мере, ограниченных группировок воинских частей вдоль границы, Министерство обороны отказалось дать такое разрешение. Даже пограничная жандармерия не получила войсковой поддержки. На всем протяжении германо-датской границы не были построены оборонительные сооружения, ни одна лопата даже не коснулась земли.

Военно-морской флот Дании был подготовлен к войне еще хуже, чем армия. Армия, по крайней мере, смогла вступить в борьбу с немецкими войсками в провинции Ютландия, а королевская гвардия у замка Амаленборг открыла огонь по немецким солдатам. Погибли 43 датских солдата и 23 получили ранения. В то же время военно-морские силы Дании не понесли никаких потерь, и ни военные корабли, ни береговые батареи не открыли огонь по немецким военным транспортам с живой силой и техникой, хотя эти транспорты вошли в гавани Дании и находились в пределах прямой наводки датских морских орудий.

Неудивительно, что полковник датской армии Р. Миккельсен на сомнения поэта К. Мунка: «Когда мы говорили, не будучи услышанными, начали ли мы кричать? А когда это тоже не помогло, начали ли мы стрелять?» — ответил с горечью: «Нет мы не кричали и не стреляли, мы позволили убаюкать себя тем, что все, мол, обойдется, и мы получили в результате такое правительство, которое заслужили».

Вторжение в Норвегию произошло в тот же день, что и в Данию, 9 апреля 1940 г., и потому интересно сравнить реакции правительств этих двух стран.

Король Дании Кристиан X подчинился немецким требованиям почти немедленно. Генерал Курт Хаймер, командующий войсками вторжения в Данию, оставил запись о своей встрече с королем: «Семидесятилетний король, похоже, был внутренне надломлен, хотя внешне держался превосходно и сохранял достоинство в течение всей аудиенции, несмотря на то, что все его тело непроизвольно вздрагивало время от времени. Он заявил, что он и его правительство сделают все возможное, чтобы сохранить мир и порядок в Дании, и постараются исключить любые трения между немецкими войсками и населением. Он хотел уберечь свою страну от дополнительных несчастий и страданий».

Реакция короля Норвегии была совершенно иной. Король Хаакон VII, брат короля Кристиана X, в день вторжения 9 апреля 1940 г. заявил своим министрам: «Если правительство решит принять требования Германии — а я полностью понимаю причины в пользу такого решения, учитывая нависшую опасность войны, в которой многим норвежцам придется отдать свои жизни, — то мне не останется ничего другого, кроме отречения от престола».

Норвежское правительство поддержало своего короля, призвав три миллиона жителей страны оказывать сопротивление оккупантам до тех пор, пока это возможно. И они оказали сопротивление! В гавани Бергена норвежские морские батареи крепко потрепали немецкий крейсер «Кенигсберг», нанеся ему серьезные повреждения. У Кристиансанда, что расположен на южном побережье, береговые батареи дважды отгоняли немецкие корабли, ведомые крейсером «Карлсруэ». Самый тяжелый удар по немцам был нанесен на подходах к гавани Осло, где ударами норвежских морских орудий был потоплен тяжелый крейсер «Блюхер», что стоило жизни 1600 немцам, а также серьезно поврежден легкий линкор «Лютцау». Во взаимодействии с Королевским флотом Великобритании военно-морские силы Норвегии внесли свою лепту в уничтожение десяти немецких эсминцев, трех крейсеров, двух линкоров и одного «карманного» линкора.* Немцы задействовали большую часть своего флота, атакуя Норвегию. В значительной степени благодаря сопротивлению норвежцев потери Германии на море оказались настолько серьезными, что немецкий Генштаб спустя несколько месяцев посчитал эти потери непреодолимым препятствием в планировании операции вторжения в Англию, известной под названием «Морской волк».

Норвежская армия вместе с вооруженными силами Великобритании, Франции и Польши уничтожила свыше 5000 человек в наступающих частях немецкой армии.

Однако, сравнивая реакцию датчан и норвежцев на немецкое вторжение, важно помнить контрастные различия в географии этих двух стран. Норвегия, особенно северная ее часть, представляет собой гористую с густыми лесами местность, весьма удобную для укрытия и ведения партизанской войны. В противоположность этому Дания расположена на плоской открытой равнине, не представляющей никаких естественных оборонительных преимуществ. Дания была легкой добычей для бронетанковых дивизий

---

* Тип боевых кораблей с максимальным тоннажем до 10 тысяч тонн, построенных в Германии в годы, предшествующие Второй мировой войне, отвечающих ограничительным требованиям Версальского договора.

Гитлера. Тем не менее многими датчанами владело чувство, что это обстоятельство не должно служить оправданием почти полного отсутствия сопротивления и скоропалительной капитуляции датского правительства перед немцами.

10 апреля 1940 г. полковник Миккельсен обратился к своим войскам со словами: «Никогда прежде не приходилось солдатам сражаться в более неравных условиях. Вам не разрешили даже вырыть окопы, в которых вы могли бы умереть, сражаясь. Но своим поведением вы показали всему датскому народу, и не только ему, но и миру, что винить следует не датского солдата, а других».

Кто же они, эти другие? Правительство и, по мнению полковника Миккельсена, народ. Позже он напишет: «Особенно тяжело ощущалось и воспринималось армией отсутствие монолитного в своем единстве народа, стоящего за ее спиной, в этот час смертельной для страны опасности».

Даже те, кому в 1943 г. пришлось рисковать своими жизнями в операциях по спасению евреев, в 1940 г. не были особенно озабочены вторжением немцев в их страну. Изменение в позиции этих людей от наивных оценок и апатичности в апреле 1940 г. до готовности рисковать даже своей жизнью, чтобы помочь евреям в октябре 1943 г., — это типичное изменение в сознании, которое охватило различные слои населения Дании с момента, когда нацисты решили уничтожить всю еврейскую общину Дании.

Первоначальная готовность Дании к немецкому присутствию дала возможность Гитлеру назвать Данию «образцовым протекторатом». Это отчасти объясняет, почему датским евреям была сохранена их полная свобода. Датчане были дружелюбны к немцам, а те, в свою очередь, в знак признательности проявляли такт в отношении датчан.

Королю Кристиану X было позволено оставаться главой государства, парламенту Дании и ее юстиции было разрешено выполнять свои функции. Нюрнбергские законы,* направленные против евреев, не были введены в действие на территории Дании.

В Норвегии все было по-другому. В отместку за сопротивление норвежцев нацисты сразу начали проводить кампанию террора против евреев: их гражданские права были растоптаны, собственность реквизирована, в паспортах проставлена Звезда Давида; начались облавы и аресты. Из 1700 евреев Нор-

---

* Под таким названием вошли в историю законы, принятые в 1935-м и в последующие годы в нацистской Германии. По этим законам евреи были лишены гражданства и превращены в «субъекты», что означало лишение всех прав, превращение в нежелательный элемент общества, отнесение к категории «недочеловеков». Были запрещены браки между евреями и немцами. Евреям запрещалось работать на государственных должностях, в системе гражданских служб, заниматься журналистикой, работать учителями, быть актерами, осуществлять операции на биржах и т. д. Медицинская и юридическая практика разрешались только в отношении обслуживания самих евреев. Все еврейские бизнесы, крупные, мелкие, семейные, были отняты и переданы в руки немцев. На дверях присутственных мест, при входах в парки появились надписи: «Евреям вход запрещен». В удостоверениях личности каждого мужчины-еврея должно было быть вписано имя «Израиль», а у каждой женщины-еврейки — «Сарра». Еврейским детям запрещалось посещать общественные школы. К 1939 г. евреям разрешалось покидать свои дома лишь на несколько часов. Их заставили положить все свои деньги в банки, а затем ввели закон, запрещающий эти деньги забирать, и они были конфискованы нацистами. Были отняты радиоприемники и телефоны. Евреям осталась лишь одежда с черной на желтом шестиконечной звездой.

вегии примерно 800 удалось бежать в Швецию, воспользовавшись наличием общей границы. Из оставшихся 900 норвежских евреев только двенадцати удалось избежать гибели в лапах нацистов.

Существовала еще другая причина, помимо первоначального сотрудничества Дании с Германией, почему Гитлер питал особые чувства в отношении Дании: он считал датчан чистыми представителями нордической расы, поскольку предполагалось, что они населяли эти места еще в древности. Полуостров Ютландия был местом, где появились тевтоны и готы, и, следовательно, датчане, согласно представлениям национал-социализма, были кровными братьями немцев.

Датская готовность к сотрудничеству и нацистские расовые теории объясняют, в частности, немецкую позицию уступок в отношении Дании, включая необычную свободу для датских евреев. Однако имеется еще и другой, значительно более важный фактор. Прежде чем вводить в действие законы, направленные против евреев в захваченных странах, немцы старались определить, до какой степени их преследования евреев будут поддержаны нееврейским населением этих стран. В Польше и Словакии, например, немцы открыли для себя, что они могут начать преследования евреев безнаказанно в любое время. Поляки и словаки не только не собирались протестовать, а, наоборот, готовы были помогать в таких преследованиях. Украинцы превзошли нацистов в безжалостных массовых убийствах евреев на Украине. Многочисленные зверские злодеяния против евреев, совершенные поляками и словаками, наряду с массовым расстрелом более 70 тысяч евреев украинскими пособниками нацистов в Бабьем Яру доказывают, что немцы в своих прогнозах не ошиблись. В большинстве захваченных ими стран немцы смогли прийти к заключению, что аресты и уничтожение евреев встретят либо слабое сопротивление, либо вообще не встретят никакого сопротивления.

Нацистские исследования обнаружили лишь одно из ряда вон выходящее исключение — Дания.

2

НАСЛЕДИЕ

Каждый человек внезапно осознал свой долг
перед своим добрым именем датчанина.

*Кай Мунк**

Первым полномочным представителем Германии в Дании во время оккупации стал бывший посол фон Ренте-Финк. Нацистские чиновники из Министерства иностранных дел в Берлине, занимающиеся еврейскими делами, не упускали случая подколоть Ренте-Финка постыдным, по их мнению, фактом, что восемь тысяч евреев продолжали оставаться на свободе, живя в стране, оккупированной Третьим рейхом.

---

* Датский писатель-антифашист. Убит гитлеровцами в 1944 г. *(Примеч. автора.)*

Среди сохранившихся документов имеется целая серия меморандумов по данному предмету, направленных Ренте-Финку «экспертами по еврейским делам» Вернером фон Грундером и Карлом Радемахером. Бывший посол предостерегал Берлин, что любые злонамеренные посягательства на гражданские права датских евреев вызовут яростную реакцию со стороны части датчан и нанесут значительный ущерб мирным отношениям между двумя странами, которые могли бы оставаться таковыми, если не трогать евреев. Самое большое, на что посол мог согласиться, — это рекомендовать, чтобы фирмы Дании, принадлежащие датским евреям, перестали получать уголь и жидкое топливо в Германии.

Нацисты понимали, что Ренте-Финк был более дипломатом, чем рейхскомиссаром, и, будучи таковым, весьма возможно, был против плана Гитлера сделать Европу свободной от евреев. В 1942 г. Ренте-Финк был отозван и вместо него назначен Вернер Бест, бывший руководитель административной службы гестапо. От гестаповца столь высокого ранга не приходилось ожидать никаких сентиментов, тем более в отношении евреев. И тем не менее доклады Беста были полны тревожных предупреждений почти в духе Ренте-Финка. Дело в том, что из Дании в Германию шло продовольствие, даже в больших размерах, чем это предусматривали тяжелые квоты. Кроме того, датские заводы поставляли остро необходимые морские дизельные двигатели, детали для самолетов и бронемашин. Если непрерывный поток этих жизненно важных поставок ставился под угрозу в связи с еврейским вопросом, то, как предупреждал Бест, немцам следовало на какое-то время забыть о датских евреях.

На возражения Риббентропа Бест ответил, что в этом вопросе Германия должна ограничиться минимальными требованиями, например арестом каких-то конкретных евреев за политическую деятельность или в рамках уголовного преследования, отстранением их от политической жизни Дании. В дополнение к этому немецкие фирмы могли бы отказаться вести дела с датскими компаниями, принадлежащими полностью или частично евреям. Более жесткие, чем эти рекомендуемые меры против евреев, подчеркивал Бест, приведут к серьезным антинемецким настроениям.

Чтобы убедиться в том, что Ренте-Финк и Бест правильно оценивают позицию датчан в отношении антисемитизма, Министерство иностранных дел в Берлине направило в Данию полковника гестапо Рудольфа Милднера. У Милднера, находившегося в Польше, был уже достаточный опыт «в решении еврейского вопроса». К тому времени он уже изобрел орудия пыток, которые немцы потом применяли в Освенциме. Полковник был ярый антисемит. Но оказалось, что и его доклады не шли вразрез с выводами и предостережениями Ренте-Финка и Беста. В ответ на выраженный скептицизм штаб-квартиры гестапо Милднер вылетел в Берлин, чтобы попытаться лично убедить Риббентропа в том, что отвращение к антисемитизму является «эндемическим заболеванием» для Дании и что датчане не потерпят преследования евреев. Помимо того, он обращал внимание Берлина на то, что даже немецкие солдаты оказались заражены атмосферой расовой и религиозной терпимости в Дании и, возможно, не захотят сотрудничать в жестких антисемитских мероприятиях.

Уже в начале 1943 г., когда гестапо требовало ареста и депортации евреев, Министерство иностранных дел указывало на опасности проведения такой операции. Один из помощников Эйхмана, Эберхард фон Таден, свидетельствовал в Нюрнберге: «Я знаю, что Министерство иностранных дел пришло к убеждению, что ...депортация евреев была политически неприемлемой».

На протяжении первых лет оккупации немецкие представители в Дании продолжали отправлять в Берлин многочисленные сообщения, указывающие, что население Дании, в отличие от населения других стран, таких, в частности, как Австрия, Польша, Чехословакия, Венгрия и Украина, не просто не потерпит преследования евреев, а восстанет против такого преследования. Таким образом, чтобы избежать опасности сопротивления со стороны народа Дании, немцы позволили евреям Дании оставаться на свободе, пока не пришла осень 1943 г.

Ничего уже нельзя изменить, но можно задаться вопросом, как сложилась бы судьба евреев в других оккупированных странах, если бы население этих стран так же решительно воспротивилось антисемитизму, как это сделали датчане?

Почему именно датский народ, в отличие от других европейских народов, отнесся к антисемитизму как к явлению, совершенно недопустимому и неприемлемому для страны? «Законы совести, хотя их и приписывают природе, на самом деле идут от обычая», — писал Монтень.* И это верно не только в отношении

---

* Мишель де Монтень (1533—1592), французский философ и писатель. Основное сочинение — «Опыты» (кн. 1—3), где в литературно-философской форме представлены размышления над конкретными историческими фактами прошлого и настоящего, бытом и нравами.

народа Дании, но и каждого из нас. Неприятие антисемитизма было частью обычая, традицией, корни которой уходят к 1690 г., когда шеф датской полиции был уволен со своего поста за то, что посмел предложить Дании последовать примеру других европейских стран и учредить гетто в Копенгагене. Датский парламент немедленно уволил его, приняв резолюцию, осуждающую саму идею гетто как «нечеловеческого образа жизни». В 1814 г. парламент Дании принял закон, устанавливающий наказание за любые формы расовой и религиозной дискриминации. Заметим, что этот закон был принят еще в то время, когда в Соединенных Штатах действовали расовые законы.

Надо сказать, что Ренте-Финк, Бест и Милднер не нуждались в прохождении курса истории Дании, чтобы убедиться в оппозиции датчан антисемитским мерам. Они могли видеть это много раз собственными глазами.

По всей стране распространились рассказы о короле Кристиане Х. Например, говорили, что, когда Ренте-Финк использовал выражение «еврейский вопрос», король возразил: «В этой стране нет еврейского вопроса. Есть только мой народ». А когда немецкие официальные представители упрекнули короля Кристиана в невнимании к «еврейской проблеме», король холодно парировал: «Господа, поскольку мы никогда не считали себя стоящими ниже евреев, у нас нет такой проблемы». Широкой популярностью пользовался рассказ о том, как король Кристиан заявил: «Если немцы хотят ввести желтую еврейскую звезду в Дании, то я и вся моя семья будем носить эту звезду как знак высочайшего отличия». Рассказы о том, что королевская семья носит желтую Звезду Давида и что этот поступок короля вынудил нацистов отменить приказ, который предписывал всем евреям в Дании носить нарукавную повязку с изображением этой звезды, циркулировал по всей стране.

На самом деле ни одна из этих историй не соответствовала действительности. Король Кристиан X никогда не делал приписываемых ему заявлений. Он никогда не носил нарукавной повязки со Звездой Давида и никогда не заявлял, что он надел бы такую повязку. Хорошо зная о глубокой антипатии датчан к антисемитизму, немцы никогда не пытались ввести обязательное ношение Звезды Давида в Дании. То, что эти легенды и истории так прижились в Дании, может служить показателем того, во что народ Дании *хотел* верить, когда речь шла о его короле. Кроме того они отражают отношение основной массы населения Дании к евреям.

Помимо популярных в народе легенд о короле оккупанты имели достаточно других подтверждений, насколько неприемлем был в этой стране антисемитизм. Начавшая было издаваться немцами в Копенгагене датская антисемитская газета по образцу фашистской газеты *Der Strumer* Юлиуса Штрейхера вынуждена была закрыться из-за отсутствия подписчиков. Выставки антисемитской литературы и показы антисемитских фильмов пришлось прекратить, потому что на них практически никто не ходил.

В начале 1942 г., прочитав о зверствах немцев в отношении еврейского населения оккупированных стран, несколько врачей и других сотрудников больницы Биспебьерг распространили среди сослуживцев петицию, в которой среди прочего заявлялось, что доктора, подписавшие ее, будут продолжать оказывать поддержку датскому правительству при условии, что оно не позволит преследовать евреев в Дании. Из 75 врачей, ознакомившихся с петицией, 64 поставили под ней свои подписи.

СПАСЕНИЕ ЕВРЕЕВ ДАНИИ

Когда в 1942 г. Вернер Бест обратился к премьер-министру Дании Эрику Скавениусу с запросом о возможном введении антисемитских мер, Скавениус ответил, что в случае введения таких мер он сам и весь его кабинет уйдет в отставку в знак протеста.

В конце 1942 г. была совершена попытка поджога копенгагенской синагоги. Но, как и в 1941 г., она была предотвращена датской полицией. Единственный вред, который немцы смогли причинить синагоге, — это запачкать ее стены нарисованными свастиками. Чтобы предотвратить дальнейшие попытки уничтожить синагогу, в датской полиции было создано специальное дополнительное подразделение, в котором служили полицейские-евреи, вооруженные дубинками и огнестрельным оружием. Единственной задачей этого специального подразделения была охрана синагоги. В качестве дополнительной превентивной меры датская полиция установила сигнализацию между синагогой и управлением полиции.

В январе 1943 г., во время проведения студенческого фестиваля в Гюшлеве, датские студенты объявили, что они хотели бы, чтобы каждый гость фестиваля принял участие в исполнении двух песен — национальных гимнов стран, дорогих сердцу датчан. Присутствующие немцы, разумеется, не удивились тому, что первой песней был национальный гимн Дании, но были поражены и взбешены, когда после датского гимна вместо ожидавшегося ими исполнения «Германия превыше всего» они услышали, как некоторые датские студенты, развернув сионистский флаг, запели «Хатикву».*

---

* Через несколько лет после описываемых событий «Хатиква» станет государственным гимном Израиля.

43

Евреи Дании знали об этих открытых вызовах их сограждан антисемитизму нацистов. Это поддерживало их веру в датчан, что позднее позволило им обратиться, не колеблясь, за помощью к своим друзьям, соседям и даже к совершенно незнакомым людям. Их душевное состояние резко контрастировало с настроениями значительного числа евреев Восточной Европы, которые, когда их спрашивали годы спустя во время суда над Эйхманом, почему они не пытались бежать, отвечали: «К кому мы могли обратиться? Мы знали, что никто бы не помог нам».

Хотя открытая оппозиция датчан антисемитским мерам поддерживала моральный дух евреев, она породила в то же время ложное ощущение безопасности. Повсюду были немецкие солдаты, но евреи верили, что, пока король Кристиан находится в своем Амаленборгском замке, а парламент Дании и суды продолжают работать, пока народ Дании продолжает выказывать свою ненависть к антисемитизму и пока существуют свободные выборы, им, евреям Дании, нечего опасаться. В результате датские евреи, как в целом и все население страны, продолжали жить своей обычной, нормальной жизнью.

ГЛАВА II

РЕЙД

3

НЕМЦЫ
МЕНЯЮТ СВОИ НАМЕРЕНИЯ

Если международные еврейские финансовые воротилы в Европе и вне ее вновь ввергнут народы в мировую войну, то результатом будет не большевизация мира и, следовательно, победа еврейства, а полное уничтожение еврейской расы в Европе.

Адольф Гитлер. Речь в рейхстаге 30 января 1939 г.

В 1943 г. немцы изменили свои намерения в отношении евреев Дании. Чем было вызвано такое изменение? Прежде всего — маниакальной природой расистских теорий Гитлера, в мрачной глубине которых лежит его навязчивое желание полного уничтожения «мирового еврейства». Концепция «окончательного решения» не допускала исключений. Для Гитлера была невыносима сама мысль о свободе евреев в стране, оккупированной немецкими войсками.

Второй причиной было ухудшение отношения датчан к немцам, причем в значительной степени из-за их антисемитизма. Гневные протесты датчан вызвали ответные меры немцев и послужили поводом покончить со свободой евреев в Дании.

Медицинская сестра Г. Кислинг принадлежала к тем датчанам, которые в 1940 г. приняли идею датского сотрудничества с Германией, но пришли к полному неприятию немцев в 1943 г. из-за их антисемитизма. «Самое ужасное было узнать, что сделали немцы с евреями Норвегии, Голландии и других стран», — рассказывала госпожа Кислинг. «Мы думали, неужели они попытаются сделать что-либо подобное с нашими евреями. Со временем эта ситуация стала все более и более раздражать нас. У большинства людей начало созревать острое чувство ненависти и желание как-то бороться с врагом, а не только заботиться о собственном покое».

Другие пришли к оппозиции оккупантам летом 1943 г. по более прозаичным мотивам — таким, как нехватка продуктов питания, а также осознав, что союзники начали явно выигрывать войну.

Профессор Моугенс Фог, невролог, ставший одним из первых бойцов Сопротивления, организовал летом 1943 г. подпольную радиопередачу, в которой он обратился к датчанам с такими словами: «Разящей иронией звучат сегодня гордые слова Йоганнеса В. Йенсена о том, что датчане никогда не смогли бы быть угнетенными. Я бы сказал, что, пока они сыты, датчане вполне могли бы оказаться угнетенными».

Изменились и условия жизни. Вдруг возникли перебои с продуктами питания. То, что началось для

СПАСЕНИЕ ЕВРЕЕВ ДАНИИ

датчан как бум в экспорте, теперь становилось обузой для экономики. Немцы выкачивали из страны все подчистую, так что датчане, которые в своей любви хорошо поесть вполне соперничают с французами, внезапно столкнулись с серьезной нехваткой продовольствия. Но что было более важно — волна немецких побед пошла на спад. К лету 1943 г. германская армия потерпела катастрофические поражения у Сталинграда, еще раньше у Эль-Аламейна. В июле 1943 г. войска союзников высадились в Сицилии и был свергнут Муссолини.

При внимательном чтении газет за июль 1943 г. можно отметить внезапный рост числа инцидентов, в которые были вовлечены датчане и немцы. Вот небольшая хроника таких сообщений. 13 июля шестеро датчан были приговорены к 30-дневному тюремному заключению за оскорбление немецких солдат и офицеров. Днем позже пятидесятилетний датчанин был приговорен к 30 дням за оскорбление подразделения немецких содат на марше, а другой датчанин — к тому же сроку лишения свободы за то, что написал по-французски слово «Победа» на немецкой вывеске. 18 июля еще один датчанин был приговорен к 60 дням тюрьмы за оскорбление немецкого солдата, которого сопровождала датчанка. 19 июля восемнадцатилетний молодой человек был отправлен в тюрьму на 30 дней за оскорбление немцев на марше. 20 июля за распространение слухов о том, что немцы конфисковали медь и отправили ее в Германию, был приговорен к 30-дневному тюремному заключению датский рабочий, а другого 40-летнего рабочего приговорили к 30 дням заключения за то, что он обратился к немецкому солдату на английском языке. Мужчина средних лет получил два года тюрьмы за «клевету» на

47

Гитлера и немецкий народ в письме, направленном местному немецкому начальнику; тогда же 22-летний датчанин был приговорен к 20 дням тюрьмы за вызывающее тушение сигареты о вывеску, принадлежащую Вермахту, а 37-летний — к 40 дням за то, что, находясь в «подпитии», позволил себе оскорбительные высказывания в адрес немецкого солдата.

В августе 1943 г. Гитлер вызвал Беста для личного доклада. Фюрер заявил, что даже воображаемая картина свободно разгуливающих евреев в Дании ему отвратительна. Когда Бест сослался на возможные опасные последствия антиеврейских акций, Гитлер ответил, что, похоже, датчане оказывают сопротивление, несмотря на отсутствие подобных акций, и что, если ситуация ухудшится, будет введено военное положение и все управление перейдет к военному командующему, генералу фон Хенекену. Бест возвратился в Данию «бледный и потрясенный».

Август 1943 г. был для него плохим месяцем. Если после встречи с Гитлером он был «бледен и потрясен», то возросшее сопротивление датчан приведет его вскоре в полное смятение.

На судоверфях Дании — в Копенгагена и Оденсе — прошли забастовки. Чтобы справиться с ними, немецкое командование отозвало с русского фронта датское пронацистское воинское подразделение, добровольно сражавшееся на стороне Гитлера, и приказало навести порядок среди соотечественников. Появление на улицах этих предателей (в основном это были уголовники, выпущенные немцами из тюрем) привело датчан в ярость. Забастовки, которые до этого происходили лишь на верфях, стали всеобщими. Во время одной из них немецкий офицер открыл огонь по забастовщикам, в ответ на что толпа в ярости набросилась на него и забила до смерти.

СПАСЕНИЕ ЕВРЕЕВ ДАНИИ

Каковы бы ни были причины антинемецких проявлений — отвращение к идеологии нацизма, раздражение из-за нехватки продуктов питания, осознание неотвратимой победы антинемецкой коалиции в войне, яростная реакция на попытки оккупантов натравить датчан на датчан, — фактом стало то, что в августе 1943 г. народ Дании начал активное сопротивление немецким захватчикам. Для подавления растущего сопротивления немецкие войска предъявили 28 августа 1943 г. ультиматум правительству Дании.

Правительство Дании должно объявить чрезвычайное положение и немедленно ввести его в действие по всей стране. Вводимое чрезвычайное положение должно включать в себя:

1. Запрещение собираться в общественных местах группами более пяти человек.

2. Запрещение забастовок, а также любой финансовой поддержки забастовщиков.

3. Введение комендантского часа с 8:30 вечера.

4. Сдачу всех видов огнестрельного оружия и взрывчатки до 1 сентября 1943 г.

5. Ограждение от преследования населением датчан, сотрудничающих с немецкими властями; введение цензуры; учреждение чрезвычайных датских трибуналов для рассмотрения нарушений законов чрезвычайного положения и обеспечения строжайших наказаний нарушителей в соотетствии с предоставленным правительству правом применять любые меры для поддержания закона и порядка.

6. Саботаж или любые провокации, как и нападения на части Вермахта или отдельных его военнослужащих, хранение огнестрельного оружия или

взрывчатки после 1 сентября 1943 г. будут немедленно караться смертью.

Правительство немецкого рейха ожидает официального принятия этих требований правительством Дании до 4 часов пополудни сегодня.

Копенгаген, 28 августа 1943 г.

Но Бест напрасно ждал принятия немецкого ультиматума. Датское правительство после трех лет мирного сотрудничества с оккупантами категорически его отвергло. Король Кристиан X поздравил свое правительство с таким решением.

В конце концов случилось то, чего Бест желал меньше всего: в Дании было объявлено военное положение. Вдобавок Гитлер сместил Беста с поста полномочного представителя Германии в Дании и назначил вместо него генерала фон Хенекена.

Проснувшись утром 29 августа 1943 г., жители Копенгагена обнаружили, что немецкие солдаты заняли позиции у правительственных зданий, почтовая и телефонная связь прерваны, а радио нерерывно передает заявление Хенекена: «Последние события показали, что датское правительство более не в состоянии поддерживать закон и порядок в Дании. Нарушения спокойствия, провоцируемые иностранными агентами, направлены непосредственно против Вермахта. Вследствие таких обстоятельств, а также в соответствии со статьями 42—56 Гаагской конвенции о законах и обычаях войны на суше я объявляю военное положение на всей территории Дании.

Настоящим приказом, который вступает в силу немедленно, я устанавливаю следующее:

СПАСЕНИЕ ЕВРЕЕВ ДАНИИ

1. Обязательная лояльность гражданских служащих приказам назначенных компетентных немецких властей.

2. Запрещение собраний группами более пяти человек на улицах, в общественных местах или в частном порядке.

3. Комендантский час с наступлением темноты.

4. Запрещение использования телефонной связи, телеграфа и почты до особого уведомления.

5. Подстрекательства к забастовкам, которые наносят ущерб Вермахту, рассматриваются как акты пособничества интересам врага и будут караться смертью.

Нарушители данного приказа будут подвергнуты суду специально назначенных немецких трибуналов.

В случаях совершения актов насилия, собрания толпами и других нарушений данного приказа будет неукоснительно применяться оружие.

Личность и собственность каждого датского гражданина, выполняющего требования международного закона о войне на суше, будут находиться под защитой в соответствии с данным приказом.

Главнокомандующий вооруженными силами рейха в Дании.

Чтобы обеспечить выполнение этого приказа, немцы взяли в заложники сотни датчан, включая высших офицеров армии и флота. Бест, уже не полномочный дипломатический представитель Германии, а второе лицо в управлении, считал необходимым показать, что и у него еще есть власть. В полдень 29 августа он вызвал к себе редакторов датских газет и заявил им, что «в этой смехотворно крошечной стране пресса внедрила в сознание людей мысль о слабости Германии... С сегодняшнего дня, — заявил он, — каждый редактор будет отвечать головой за то, чтобы сознание людей больше не отравлялось».

Реакцией на эти меры оккупантов стали несколько событий. Сотрудник датской газеты создал одну из лучших во всех оккупированных странах систему выпуска и распространения подпольной газеты. Король объявил себя военнопленным. Правительственный кабинет ушел в отставку, а парламент самораспустился. Датская армия, используя ружья, гранаты и легкие пулеметы, отразила и задержала атаки немцев на военно-морской флот в Копенгагене. За это время контр-адмирал Ведель смог поднять сигнал на главной мачте флагманского корабля береговой охраны *Peder Scram*, построенного 40 лет назад: «Затопить корабли или уходить в Швецию, чтобы избежать плена». В течение нескольких минут Военно-морской флот Дании перестал существовать: 29 кораблей были затоплены, 13 небольших, в основном вспомогательных судов были на пути в Швецию, где позднее были интернированы, 6 кораблей попали в руки немцев.

Евреи Дании не могли точно определиться, как отнестись к этому началу организованного сопротивления немцам. Один из правительственных чиновников, по национальности еврей, так рассказал об этом: «Мы были рады видеть, что датчане заняли четкую позицию в отношении наших смертельных врагов — немцев. Мы были осведомлены, как обращались с евреями гитлеровцы во всех других ок-

СПАСЕНИЕ ЕВРЕЕВ ДАНИИ

купированных ими странах. В то же время здесь, в Дании, они нас совершенно не трогали. Многие из нас страшились, что любые акции сопротивления датчан могут стать поводом для немцев начать преследования нас, евреев Дании».

Такого рода опасения евреев не были беспочвенны. Но, несмотря на эти страхи, евреи не предприняли никаких шагов, чтобы позаботиться о собственной безопасности. После 29 августа 1943 г. угроза ответных мер немцев стала реальной. Однако евреи заставляли себя не думать об этом и надеялись, что каким-то чудом их ничем не ограниченная свобода сохранится и их не постигнет судьба евреев оккупированных стран Европы. Тем не менее сопротивление и ответные меры гитлеровцев увеличили настороженность евреев и ощущение надвигающегося кризиса. Когда слух о готовящейся немецкой облаве дошел до них вечером Рош Ашана, они были готовы к тому, чтобы в это поверить. Что более важно — они были готовы действовать соответствующим образом.

Что касается Беста, то он оказался под давлением с двух сторон — Гитлера и датчан. Маниакальное желание Гитлера уничтожить всех евреев, включая датских, вынуждало Беста начать серию акций преследования против них. В то же время Датское Сопротивление, которое уже стоило Бесту его поста полномочного представителя Германии, становилось все более решительным. Чтобы сохранить лицо, он решил действовать. 8 сентября 1943 г., немногим позже чем через неделю после того, как датское правительство подало в отставку, а датский военно-морской флот затопил свои корабли, Бест отправил в Берлин телеграмму, в которой писал, что датское сопротивление рейху и введенное военное положение

53

создали почву, чтобы осуществить аресты датских евреев и их депортацию в концентрационные лагеря. Он сообщал, что для осуществления этих планов ему потребуются специальные подразделения гестапо, немецкие воинские части и транспортные суда. «С еврейской проблемой, — писал он, — можно будет покончить в течение действующего осадного положения, а не позже».

Реакция Гитлера превзошла все ожидания Беста. Он был немедленно восстановлен в должности полномочного представителя, а Хенекен получил приказ исполнять все его распоряжения, что привело последнего в ярость. Вдобавок Гитлер поручил Риббентропу проследить за тем, чтобы Бест получил все необходимое для предстоящей операции. Риббентроп назначил рейхсфюрера Гиммлера ответственным за выполнение задачи. Спустя несколько дней Бест получил от Риббентропа следующую телеграмму: «Министерство иностранных дел просит представить конкретные предложения в отношении осуществления депортации евреев, с тем чтобы определить, какие силы полиции и СС должны быть задействованы в планируемой операции».

Бест знал, что обратного пути нет. 11 сентября он сообщил телеграммой, что готов к исполнению приказа и что непосредственно ответственными за рейд назначаются Пенк и Милднер.

Бест немедленно позаботился о том, чтобы сообщить своим людям о предстоящей операции. Первым среди них был Георг Фердинанд Дуквиц.

4

СОВЕСТЬ

Христианские миссионеры утверждали: вы не имеете права жить среди нас как евреи. Светские власти вслед за ними заявляли: вы не имеете права жить среди нас. В конце концов нацисты в Германии декретировали: вы не имеете права жить.

Рауль Хилберг
«Уничтожение евреев Европы».

Дуквиц приехал в Данию из Германии в 1928 г., после окончания юридического факультета университета, и получил работу в немецкой фирме в Копенгагене, занимающейся торговлей кофе. После вторжения Германии в Данию ему был предложен пост руководителя отдела транспортных перевозок в немецком посольстве в Копенгагене. За многие годы, проведенные в Дании, он и его жена установили дружеские отношения со многими датчанами. Среди их друзей были и люди из руководства социал-демократической партии Дании.

Первое смутное подозрение о немецких планах арестовать датских евреев возникло у него 11 сентября 1943 г., когда Бест поделился с ним информацией о давлении, оказываемом на него самим Гитлером, который требовал немедленных действий. Риббентроп запросил у Беста план операции по депортации всех евреев Дании в концентрационные лагеря и обещал предоставить для нее все необходимое. Дуквиц заявил Бесту, что ему будет стыдно быть сотрудником немецкого посольства, если Бест станет преследовать евреев. Бест ответил, что лично не симпатизирует фашистской идее «окончательного решения еврейского вопроса», но он должен подчиняться приказам. Между ними произошел резкий разговор, который закончился тем, что Дуквиц, демонстративно хлопнув дверью, вышел из кабинета.

Спустя несколько часов Бест позвонил и попросил Дуквица приехать в посольство. Когда Дуквиц появился, сконфуженный Бест признался, что их разговор в сущности был чисто академическим, поскольку еще утром он отправил в Берлин депешу, в которой в общих чертах излагался план ареста евреев Дании.

— Почему вы говорите мне это сейчас? — спросил Дуквиц.

— Быть может, — тихим голосом ответил Бест, — план будет отвергнут как неудачный.

13 сентября Дуквиц вылетел из Копенгагена в Берлин и осторожно расспросил в Министерстве иностранных дел о телеграмме Беста. Ему сказали, что Риббентроп передал телеграмму Гитлеру, который со-

СПАСЕНИЕ ЕВРЕЕВ ДАНИИ

гласился с планом Беста и дал распоряжение Гиммлеру решить все практические вопросы, касающиеся ареста и транспортировки евреев Дании в концентрационный лагерь Терезин.* Бест должен был получить в свое распоряжение такое количество войск, грузовиков и транспортных судов, которое он считал необходимым. Дуквиц вернулся в тот вечер в Копенгаген, не имея никакого представления, как бы он мог, если это вообще возможно, помочь датским евреям. Ему оставалось только внимательно следить за развитием всех событий.

17 сентября 1943 г. министр иностранных дел Дании Нильс Свеннингсен обратился к Бесту с жалобой. Сотрудники Центра еврейской общины сообщили ему, что в их офисы проникли одетые в гражданское немцы и выкрали документы, содержащие списки членов общины, их имена и адреса. Бест с готовностью подтвердил, что ему известно об этом инциденте, но заявил, что эта акция была связана с поиском саботажников и что она не имела никакой связи с «еврейским вопросом».

После того как Свеннингсен покинул немецкое посольство, Бест конфиденциально сообщил Дуквицу, что на самом деле кража списков была совершенно необходима для подготовки планируемой облавы. На вопрос, когда начнется облава, Бест пообещал, что будет держать Дуквица в курсе, тем более что Дуквиц, как начальник отдела транспортных перевозок, будет задействован в этой операции. На следующий день Бест сообщил ему, что 29 сентября несколько немецких транспортных судов встанут на якорь в гавани Копенгагена, готовые к перевозке в Германию

---

* Концентрационный лагерь на территории Чехословакии.

57

восьми тысяч евреев, которые должны быть арестованы 1 октября в ходе тщательно спланированного «молниеносного рейда».

18 сентября в Копенгаген прибыла специальная группа СС особого назначения, направленная управлением Адольфа Эйхмана. Ответственным за проведение операции был назначен майор СС Рольф Гюнтер, бывший вторым лицом после Эйхмана, тот самый Гюнтер, который позднее «отличился» в деле массового применения отравляющего газа циклон Б в лагерях смерти.

Действия Беста настолько совпадали с желаниями Гитлера, что теперь фюрер фактически передал ему всю полноту власти в Дании. Тем не менее Беста обуревали сомнения. Он сознавал, что депортация евреев подтолкнет население Дании к более активному сопротивлению, но был совершенно неспособен оценить, насколько серьезно и до какой степени возрастет это сопротивление. Кроме того, его собственный подчиненный, руководитель отдела транспортировок, считал аморальным сам план осуществления рейда. Вдобавок еще и Хенекен, командующий операцией, был лично зол на него. Даже гестаповский ответственный за рейд Милднер высказывал несогласие с операцией, страшась реакции датчан. Тем не менее Бест должен был завершить то, что начал, и подготовка рейда шла по разработанному плану в соответствии с графиком.

23 сентября Бест столкнулся с осложнениями, которые он предвидел. Генерал Хенекен информировал Беста, что, несмотря на задействование в операции Гюнтера и особых подразделений СС, он решил письменно обратиться к Вильгельму Кейтелю, начальнику штаба Верховного главнокомандования

вооруженными силами, прося разрешения осуществить депортацию евреев *после* отмены военного положения в Дании. «Участие в осуществлении депортации евреев, — писал Хенекен, — нанесет ущерб престижу Вермахта». Он считал, что в период действующего военного положения, несмотря на то что Бест вновь назначен полномочным представителем Германии, именно Вермахт продолжал нести ответственность за обеспечение порядка, но Вермахт не может гарантировать порядок, если гестапо получило разрешение провести рейд. Далее в своем письме генерал предупреждал, что облава на евреев может быть воспринята датчанами настолько отрицательно, что результатом станет «потеря датского мяса и жиров».

Бест с нетерпением ждал ответа Берлина на это письмо Хенекена. На следующий день оно вернулось в Копенгаген с размашистой резолюцией генерала Альфреда Йодля: «Абсурд! Это вопрос государственной необходимости».* Теперь ничто уже не могло помешать рейду. Бест предложил для ареста евреев в Дании применить систему, которая полностью оправдала себя в ряде других оккупированных немцами стран. Следовало опубликовать приказ, по которому все евреи должны были явиться в учреждения Вермахта для «работы». По прибытии они должны быть арестованы и депортированы. Однако коммандос Эйхмана отвергли это предложение, предпочитая молниеносные налеты на дома евреев поздней ночью.

---

* Менее чем через два года Йодль подпишет Акт о капитуляции фашистской Германии, а позднее предстанет перед Нюрнбергским трибуналом и будет приговорен к смерти.

59

25 сентября 1943 г., вполне осознавая все последствия для себя в случае, если его схватят, Дуквиц по собственной инициативе вылетел из Копенгагена в Стокгольм, где обратился к шведскому дипломату Икблэду с просьбой устроить для него встречу с премьер-министром Пером Альбином Ханссоном. В первой половине дня этого воскресенья в доме Ханссона состоялась их секретная встреча. Дуквиц рассказал Ханссону об опасности, нависшей над евреями Дании, и настаивал, на том, чтобы правительство Швеции уведомило правительство Германии о желании Швеции принять на своей территории все восемь тысяч датских евреев. Ханссон заявил, что он не может ответить немедленно за шведское правительство, но согласился провести срочное совещание шведского кабинета и проинформировать Дуквица о принятом решении. Поздно вечером премьер-министр вновь встретился с Дуквицем у себя дома и сообщил ему, что Швеция примет еврейских беженцев при наличии согласия на это со стороны Германии.

«В Берлин уже отправлена телеграмма, — сказал Ханссон. — Наше посольство в Копенгагене даст вам знать об ответе Берлина».

Дуквиц вылетел обратно в Копенгаген.

Прошло два дня, в течение которых от шведского посольства не поступило никакого сообщения. Вечером в четверг, 29 сентября, Дуквиц пришел к заключению, что немцы решили не обращать внимания на телеграмму из Швеции. Он знал, что у датских социал-демократов именно в этот вечер должно состояться совещание. До рейда оставалось чуть более двадцати четырех часов. Сказав жене, что должен ненадолго отлучиться, Дуквиц вышел из дома и направился на улицу Ремер, к дому 22, где проходила встреча социал-демократов. Войдя в зал заседаний, он подошел к руководителю социал-демократической партии Хансу Хедтофту. Хедтофт был поражен бледностью Дуквица.

«Надвигается катастрофа, — сказал Дуквиц. — Все спланировано до мельчайших деталей. Через несколько часов в Копенгаген прибудут корабли, и ваши несчастные соотечественники-евреи будут в принудительном порядке доставлены на них и увезены туда, где неизвестно, что с ними сделают».

Сказав это, Дуквиц стремительно вышел, и Хедтофт едва успел его поблагодарить.

Как только Хедтофт рассказал Хансену и другим лидерам социал-демократической партии о том, что только что услышал от Дуквица, было решено немедленно дать знать об этом главе еврейской общины Хенрикесу

Едва прибыв в дом Хенрикеса, Хедтофт сказал: «Господин Хенрикес, то, чего мы так долго опасались, случилось. Завтра ночью гестапо совершит налет на все дома, где живут евреи, чтобы арестовать их и доставить на корабли, ожидающие в гавани. Вы глава еврейской общины и должны предупредить каждого. Со своей стороны, мы будем помогать вам, используя все наши возможности».

Реакция Хенрикеса ошеломила Хедтофта. «Этого не может быть», — сказал он.

Слушая Хедтофта, продолжавшего отчаянные попытки убедить его в серьезности ситуации, Хенрикес вдруг спросил: «А откуда у вас эта информация?»

Полагая, что было бы правильным не называть имени Дуквица, Хедтофт ответил, что сведения получены из заслуживающего доверия источника.

«Я уверен, что вы ошибаетесь, — сказал Хенрикес, — потому что я только что беседовал с министром иностранных дел Свеннингсеном, и он сказал, что Бест заверил его, что ничего подобного не случится. Вы что же, думаете, что Свеннингсен стал бы пытаться обманывать меня?»

«Разумеется, нет, — ответил Хедтофт. — Свеннингсен передал все добросовестно. Но ведь в данном случае он повторяет только то, что ему сказали немцы, то, во что они хотят, чтобы он поверил».

Однако все доводы Хедтофта наталкивались на недоверие Хенрикеса. Он был непреклонен в своем неверии. Хедтофт покинул его дом с ощущением полного провала своей миссии.

Возвратившись к собранию, Хедтофт рассказал товарищам по партии о своей встрече с Хенрикесом. Вместе они решили, что возьмут на себя задачу предупредить столько евреев, сколько смогут.

Одним из участников совещания социал-демократов был Алсинг Андерсен. Его секретарша Инге Барфельдт была замужем за бежавшим из Германии евреем, нашедшим убежище в Дании. Андерсен позвонил Инге, надеясь поговорить с ее мужем, но того не оказалось дома. Он был за городом, где проходил курс по ведению сельского хозяйства в качестве халуца — потенциального сельского поселенца в Палестине. Инге немедленно позвонила одному из организаторов программы для халуцим в Дании, библиотекарю Юлиусу Марголинскому.

— Мне надо немедленно увидеться с вами, — сказала Инге.

— Что случилось? — спросил Марголинский.

— Это не телефонный разговор. Можно мне подъехать сейчас, чтобы встретиться с вами?

СПАСЕНИЕ ЕВРЕЕВ ДАНИИ

До комендантского часа оставалось совсем немного, но Марголинский по голосу Инге понял, что она хочет сообщить ему что-то чрезвычайно важное. Он согласился, чтобы она приехала.

Инге появилась через несколько минут и передала Марголинскому то, что она услышала. Марголинский позвонил своему хорошему другу, Маркусу Мелхиору, раввину копенгагенской синагоги.

«Я посылаю к вам человека с важным сообщением», — это было все, что он сказал.

Спустя несколько минут Инге уже рассказывала обо всем раввину Мельхиору.

До Мельхиора уже доходили слухи о возможных массовых арестах евреев Дании, но он не принимал их во внимание, считая беспочвенными. Но на этот раз он понял, — то, о чем рассказала молодая женщина, было основано на фактах. Введение в стране военного положения, кража списков из Еврейского центра с адресами и именами членов еврейской общины — все говорило о том, что на сей раз немцы решились.

Завтрашний день был канун Рош Ашана, и Мельхиор знал, что в синагогу придет гораздо больше людей, чем обычно. Он решил, что сможет предупредить их о нависшей опасности и убедить немедленно начать поиски тайного убежища.

5

ОПОВЕЩЕНИЕ

Где есть душа, там есть и дом.

Датская пословица

Тревожное предупреждение об ожидающемся рейде немцев, услышанное от раввина Мельхиора, настолько ошеломило всех собравшихся, что поначалу никто не мог произнести ни слова. Раввин твердо повторил свое предложение немедленно разойтись, чтобы распространить тревожную весть по всему Копенгагену, однако несколько человек, потрясенные, не сдвинулись с места, оставаясь в оцепенении.

«Делайте то, что я вам сказал!» — повысил голос Мельхиор. Они послушались его, и он остался один в опустевшей синагоге.

Мельхиору было сорок шесть лет. У него было пятеро детей. Необходимо было срочно найти для них

СПАСЕНИЕ ЕВРЕЕВ ДАНИИ

всех убежище. К тому же надо было спрятать священные реликвии — свитки Торы, серебряные подсвечники, молитвенники. Он решил позвонить своему другу, пастору Хансу Килебю — лютеранскому священнику в Юрслеве, что находится в 60 милях от Копенгагена. Пастор Килебю предложил раввину Мельхиору немедленно со всей семьей ехать к нему в Юрслев.

— Может, будет лучше, если я приеду только с одним или двумя из моих детей, — засомневался Мельхиор. — Я постараюсь найти еще какое-то место, чтобы спрятать остальных.

— Нет-нет, — настаивал пастор Килебю. — Вы должны приехать всей семьей. У нас достаточно много места. Я предоставлю вам три комнаты.

— Вы действительно хотите, чтобы мы приехали? — спросил Мельхиор. — Если станет известно, что вы укрываете нас, вы можете попасть в тюрьму.

— Если так случится, я готов отправиться в тюрьму, — ответил пастор.

Прежде чем поспешить со всей семьей в Юрслев, Мельхиор связался с еще одним лютеранским священником. Это был пастор церкви, расположенной в конце той же улицы, где находилась копенгагенская синагога. Пастор выразил готовность спрятать все священные реликвии синагоги в подвале своей церкви.

Сообщение о планирующемся рейде немцев молниеносно распространилось по стране. Выполняя приказ Мельхиора, те, кто пришли ранним утром на богослужение в синагогу, в разговоре с каждым, кого они знали, подчеркивали, как важно всем укрыться в тайных убежищах. Некоторые воспользовались телефоном, но большинство, опасаясь быть подслушанными, предпочли передать тревожное сообщение

65

лично. Евреи передавали сообщение не только другим евреям, но и тем христианам, которым, как они знали, можно доверять. В течение всего дня множество датчан-христиан, среди которых были полицейские, почтальоны, водители такси, владельцы магазинов, врачи, учителя и студенты, отложили все свои дела, чтобы оповестить о грозящей опасности своих еврейских друзей и знакомых. Они останавливали евреев на улице, забегали в кафе и рестораны, стараясь никого не упустить.

Йорген Кнудсен, молодой, недавно женившийся шофер машины «скорой помощи», выходя из квартиры, чтобы отправиться на работу, заметил группу своих приятелей, студентов, которые, остановив прохожих, что-то им говорили. Он спросил, что они делают, и, когда получил ответ, его буквально взорвало: «Так эти ублюдки все-таки решились на такую мерзость! Будь они прокляты!» «Предупреди всех своих друзей-евреев», — предложил один из студентов.

Кнудсен никогда не задавался вопросом, евреи или не евреи его друзья. Друзья были друзья. Имена и фамилии могли бы подсказать их национальное происхождение, но в данный момент он не смог вспомнить никого из своих друзей, чье имя звучало бы как еврейское.

Он должен был что-то предпринять. На углу улицы стояла телефонная будка. Он влетел в будку, сгреб телефонный справочник и, спрятав его под пальто, поспешил в гараж, где стояла его машина «скорой помощи». Сев в машину, он открыл справочник и стал обводить карандашом явно еврейские имена. В этот день он так и не появился со своей машиной на работе в больнице. Вместо этого он весь день колесил по Копенгагену, звоня совершенно незнакомым людям и предупреждая их о страшной опасности. Когда люди, которым он звонил, обезумев от страха, говорили ему, что им не к кому обратиться за помощью, он сажал их в свою «скорую» и отвозил в больницу Биспебьерг, где он знал, что доктор Карл Хенрик Кюстер их спрячет.

То, что сделал Кнудсен, ведомый своим добрым сердцем и совестью, было типично для значительной части датчан. Когда позднее Кнудсена спросили, почему он поступил так, а не иначе, он, удивленно вскинув брови, сказал: «А как еще я мог поступить?» Каким контрастом звучит этот ответ рядом с ответом на аналогичный вопрос, заданный немцам и жителям других европейских стран: «А что я мог сделать?».

Профессор Рихард Эйге, руководитель отдела биохимических исследований в Рокфеллеровском институте в Копенгагене, находился в своей лаборатории, когда туда вошел его коллега Пол Аструп и возбужденно выпалил ему новость.

«Я знаю, у вас есть друзья среди евреев, — сказал Аструп. — Вы должны передать им, чтобы они покинули свои квартиры и укрылись в домах своих друзей-христиан».

Профессор Эйге знал, что доктор Аструп член запрещенной коммунистической партии и участвует в действиях датского Сопротивления, так что сомневаться в достоверности сообщенных им сведений не приходилось. Опасаясь воспользоваться телефоном, он решил, что самым безопасным будет, если он лично известит своих друзей-евреев. Он снял с себя лабораторный халат, надел пальто и вышел из института, чтобы начать обход учреждений и домов. На некоторые визиты уходило больше времени, чем на другие, так как многие из его друзей поначалу просто отказывались поверить, что вот-вот начнется немец-

ДАТСКИЙ УРОК

кий рейд. Профессору Эйге было порой очень непросто убедить в этом своих друзей, и это отнимало много времени. В других местах профессору верили сразу. Если кто-либо из его друзей выражал малейшую тревогу, не зная, где они могли бы найти убежище, профессор всякий раз, не задумываясь, предлагал им перебраться в его просторную квартиру, находящуюся над его же лабораторией в Рокфеллеровском институте.

Во второй половине дня профессор Эйге вернулся домой и рассказал жене об услышанном от доктора Аструпа, а также предупредил ее, что вечером они должны ждать гостей. Жена Эйге начала связываться со своими еврейскими друзьями и подругами. Среди них была Анне-Мария, которой, она знала, можно было звонить всегда и в любое время. Это была ее подруга молодости, с которой, еще будучи девочкой, она провела несколько лет вместе в Сиаме.* Госпожа Эйге смогла предупредить ее по телефону, объяснив ей все на сиамском (тайском) языке.

Кнудсен, профессор Эйге и его жена действовали не из каких-то политических соображений, а основываясь на гуманных побуждениях. Эйге предупреждал евреев об опасности, потому что «это же естественная реакция — хотеть помочь своим друзьям». Его жена помогала, потому что «это было так, будто вы видите дом соседа, занявшийся пожаром. Естественно, вы захотите попытаться что-то такое сделать, чтобы помочь».

Некоторые другие датчане такие, как Йенс Лиллелунд, продавец кассовых аппаратов, и Моугенс

---

* Официальное название Таиланда до 1939 г. и в 1945—48 гг.

68

СПАСЕНИЕ ЕВРЕЕВ ДАНИИ

Стаффелдт, владелец небольшого книжного магазина, предупреждали евреев не только потому, что это было благородным делом, но и по твердым политическим убеждениям. Оба они с самого начала оккупации были участниками датского Сопротивления, так что предупреждение евреев о нависшей опасности было еще одним актом в общем плане их сопротивления нацистам.

Лиллелунд впервые продемонстрировал свое отношение к захватчикам в тот самый день, когда немцы вторглись в Данию. Стоя на улице в Копенгагене утром 9 апреля 1940 г., этот высокий, худощавый, лысеющий человек плюнул в лицо первому проходившему мимо немецкому солдату. Его тут же схватили и бросили в датскую тюрьму. Продержав несколько часов в камере, его доставили к датскому полицейскому чиновнику, который сказал: «В этот раз я собираюсь вас отпустить. Это означает, что я даю вам возможность бежать. У задней двери не будет охранника. Однако я хочу, чтобы вы знали — то, что вы совершили, есть не что иное, как глупость и тупость». Лиллелунду ничего не оставалось делать, как согласиться с мнением полицейского начальника. Он пообещал, что уж если немцы и арестуют его в следующий раз, то это будет что-либо более серьезное, менее глупое и идиотское, чем просто плевок в одного из них. С самого первого дня оккупации Лиллелунд в одиночку вел свою борьбу против немцев. По ночам он выходил на улицы и прокалывал шины немецких автомобилей. Позднее он перешел к взрывам датских предприятий, работающих на немцев. Когда утром 30 сентября 1943 г. ему сообщили через связника подполья о готовящемся рейде нацистов, первым человеком, которого он поспешил предупредить об опасности, был его семейный врач Макс Розенталь.

69

Доктор Розенталь осматривал очередного пациента и был удивлен, увидя входящего в его кабинет Лиллелунда.

— Что случилось, Лиллелунд? — отрывисто бросил доктор Розенталь. — Почему вы врываетесь в кабинет?

— Нам надо поговорить.

— Но я сейчас занят. У меня пациент. И, кроме того, другие пациенты ждут своей очереди.

— Я должен переговорить с вами немедленно, — настаивал Лиллелунд.

— Что-то очень серьезное?

— Да, — ответил Лиллелунд. — Это нечто из ряда вон выходящее.

Спустя несколько минут Лиллелунд и сопровождавшие его доктор Розенталь с женой и детьми уже направлялись к дому Лиллелунда, где им предстояло прятаться в течение нескольких последующих дней.

Стремясь оповестить как можно больше евреев, Лиллелунд обратился за помощью к нескольким товарищам по подполью, среди которых был Моугенс Стаффелдт. Невысокого роста, с мягкими манерами, владелец небольшого книжного магазина, Стаффелдт, так же как и Лиллелунд, начал действовать против немцев в первый же день оккупации 9 апреля 1940 г. Ранним утром того дня его разбудил приятель, который сообщил новость о вторжении немцев в страну и спросил, не может ли он помочь кое-кому из персонала посольства Польши в Дании выбраться из страны. Возмущенный тем, что его страна не оказала никакого сопротивления немцам, Стаффелдт согласился помочь полякам. Он отвез их в своей машине из посольства на север острова Зеландия, где их взяла на борт британская подводная лодка. Позднее, когда Стаффелдт узнал о подпольной деятельности Лилле-

70

лунда, он предложил свою помощь. К тому времени книжный магазин Стаффелдта переехал в здание, где разместилась штаб-квартира гестапо. По предложению Лиллелунда Стаффелдт предоставил свой книжный магазин для организации тайной штаб-квартиры подполья, а в подвале этого магазина начали печататься газеты датского Сопротивления, которые среди прочего публиковали и сообщения о зверском уничтожении евреев нацистами в Европе. Эти сообщения были важным источником информации об античеловечной практике нацистской идеологии. Узнав от Лиллелунда о готовящейся облаве, Стаффелдт немедленно отправился в меховой магазин своего друга Бента Скотлендера. Вместе они поспешили к дому Скотлендера, где Стаффелдт помог семье собраться и перевез всех, включая жену и троих детей Бента, в свой собственный дом. Вернувшись к себе в магазин, Стаффелдт предупредил своих работников, что его не будет до конца дня, а сам, вскочив на велосипед, помчался по Копенгагену, оповещая знакомых евреев о готовящемся рейде. Среди тех, кого он предупредил об опасности, был владелец небольшого магазина Эмиль Абрахамсен. Эмиль отказался поверить в то, что ему сообщил Стаффелдт, посчитав все это глупым слухом. На следующий день Абрахамсен был схвачен, доставлен на борт немецкого парохода, с которого его отправили в концлагерь Терезин, где он покончил с собой, приняв яд.

Случаи, когда евреи отказывались верить в депортацию, были не единичны. Когда Карл Нэш Хендриксен, репортер уголовной хроники, узнал о планах немцев, первым, кому он позвонил, был его друг, судья Мориц, который жил в Ассенсе, городке в 135 км к югу от Копенгагена.

ДАТСКИЙ УРОК

— Происходит что-то неладное, — предупредил Хендриксен. — Вы должны вместе с сестрой немедленно покинуть дом. Вы понимаете, что я имею в виду?

— Да, я понимаю, что вы имеете в виду, — ответил судья. — Вы полагаете, что немцы собираются прийти за нами. А теперь послушайте, что я вам скажу. Я никуда не собираюсь уходить. Я датчанин. Я здесь живу. И я останусь здесь. Немцы не посмеют ничего сделать с нами.

— Но ведь завтра ночью, — настаивал Хендриксен, — завтра ночью нечто важное должно...

Мориц прекратил разговор, повесив трубку.

На следующий вечер гестаповцы забрали Морица и отправили в Терезин, где он умер через несколько недель.

Были среди евреев и те, что поверили в опасность, но не захотели ничего предпринять. Когда Абрам Кроточинский, булочник из Польши, получил предупреждение, он лег на кровать, отвернулся лицом к стене и отказался что-либо делать. Его дочь Роза, зубной врач, пыталась уговорить его покинуть дом.

— Это бесполезно, — ответил он. — Я устал убегать. Вначале это была Польша. Затем Россия. В конце концов мы устроились здесь, в Дании. Это прекрасная страна. Датчане хорошо к нам относятся. Я не хочу уходить. Я слишком стар, чтобы начать все сначала в другой стране, слишком стар, чтобы бежать.

— Но это будет лишь ненадолго, — умоляла Роза, но отец остался безучастным к ее мольбам.

Будучи еврейкой лишь наполовину, Роза считала, что угроза нависла лишь над отцом, но, видя его сопротивление, она переменила тактику. Она заявила отцу, что немцам неважно, что она полукровка, она тоже подлежит депортации. Только ради спасения дочери Абрам Кроточинский согласился бежать.

СПАСЕНИЕ ЕВРЕЕВ ДАНИИ

Старуха 84-х лет отказалась прятаться, поскольку, как она заявила, у немцев достаточно ума, чтобы не тратить время на людей ее возраста. На пути в Терезин в товарном вагоне, предназначенном для перевозки скота, она встретила женщину, которой было 102 года.

Евреи Дании по-разному реагировали на сообщение о грозящей депортации. Одни отказывались верить. Другие верили, но ничего не предпринимали. Однако большинство поверили и действовали, как того требовали обстоятельства, — в течение либо нескольких минут, либо, чаще всего, в течение нескольких часов. Их способность быстро реагировать важна для понимания успеха их побега. Их желание действовать быстро связано с уверенностью, что они найдут защитников среди датчан.

Евреи Дании в значительной степени ассимилировались. Доля смешанных браков евреев и христиан в Дании, по-видимому, выше, чем в любой другой стране мира. Большинство евреев имели близких родственников-неевреев, к которым, они знали, можно обратиться, а в тех случаях, когда не было родственников, были, по крайней мере, близкие друзья. В тех редких случаях, когда не было ни родственников, ни близких друзей, были знакомые, а порой и совершенно незнакомые люди. Мендель Катлев был одним из тех, кому помог совершенно незнакомый человек.

36-летний Катлев, мастер на фабрике кожаных изделий, был на работе, когда ему позвонил шурин, муж его сестры.

— Ты должен немедленно прийти ко мне домой.

— А что случилось?

— Я не могу рассказывать по телефону.

— Но это невозможно. Я не могу так вот просто взять и уйти. У меня рабочий день.

73

— Это вопрос жизни и смерти.

— Но что же это?

— Я не могу рассказывать по телефону, — повторил шурин.

Катлев был уверен, что ухудшилось состояние его больного отца — именно так он объяснил своему хозяину просьбу разрешить ему уйти с работы. Поскольку дом шурина находился рядом с фабрикой, Катлев обещал вернуться примерно через час. Он вернулся через два года.

Шурин рассказал ему о готовящейся облаве, и Катлев решил немедленно отправиться домой. Он абсолютно не представлял себе, где он, его жена и двое маленьких сыновей могли бы спрятаться.

В поезде по дороге домой его билет был прокомпостирован тем же кондуктором, который делал это каждый день.

— Что это вы так рано возвращаетесь домой сегодня? — спросил кондуктор. — Вы больны? По правде сказать, вы не очень хорошо выглядите.

Котлев сообщил ему новость, которую он только что узнал.

— Это ужасно, — сказал кондуктор. — Что вы намерены делать?

— Я не знаю, — ответил Катлев. — Мы должны найти место, где сможем спрятаться.

— Приходите ко мне, — предложил кондуктор. — Забирайте жену, детей и все вместе приходите ко мне домой.

— Но ведь вы же меня не знаете, — изумился Катлев. — Вы даже не знаете моего имени, впрочем, как и я не знаю вашего.

— Картенсен, — протянул руку кондуктор.

— Катлев, — назвал себя Катлев, пожимая протянутую руку.

СПАСЕНИЕ ЕВРЕЕВ ДАНИИ

Если Катлеву помог незнакомый человек, то Магнус Рубин, молодой ортодоксальный еврей, адвокат по профессии, получил помощь от коллеги по работе.

Рубин уже собирался уйти из своей конторы пораньше, чтобы помочь жене в подготовке к праздникам Рош Ашана. Но перед уходом решил позвонить своему другу Эрику Герцу, чтобы пожелать ему счастливого Нового года.

— Боюсь, — заметил Герц, — это не будет очень счастливый год для нас.

— Почему?

— Я неважно себя чувствую.

— Ты заболел?

— Нет, просто я не очень здоров, моя жена Руфа тоже неважно себя чувствует, вся моя семья плохо себя чувствует. Я не могу больше ничего сказать по телефону. Тебе понятно?

— Похоже, что да.

— У нас должны были быть гости сегодня вечером, но мы собираемся уйти из дома. Тебе тоже не стоит оставаться дома сегодня.

Повесив трубку, Рубин сидел в недоумении. В этот момент в его кабинет вошел 22-летний студент юридической школы, стажировавшийся в его конторе. Рубин рассказал ему о только что состоявшемся странном разговоре с Эриком Герцем. Оба они пришли к выводу, что это могло означать только одно: слухи о готовящейся немецкой облаве на евреев, похоже, становились реальным фактом.

— Вам и вашей жене лучше остаться сегодня в моей комнате, — предложил студент.

— Но ведь вы живете в студенческом общежитии, где женщинам не разрешается находиться.

— Не беспокойтесь об этом, — сказал студент. — Мы проведем ее тайком.

75

— Но если ее обнаружат...

— Не будем беспокоиться о нарушении каких-то старых пуританских правил в такое время, как сейчас, — возразил будущий юрист.

Рубин поспешил домой и застал жену, моющей посуду после обеда. Он объяснил ей, почему они должны немедленно уйти из дома.

— Хорошо, — ответила молодая женщина. — Вот я закончу мыть посуду, и мы пойдем.

— У нас нет времени. В любую минуту здесь могут появиться немцы.

— Но что они подумают о нас, когда увидят в раковине грязные тарелки?

Рубину пришлось буквально силой оторвать жену от тарелок.

В 1943 г. свыше девяноста пяти процентов еврейского населения Дании жили в Копенгагене. Такая концентрация очень помогла быстрому распространению известия об угрозе. Для тщательно продуманного плана спасения, для создания организации просто не было времени. Новость распространилась по городу в результате спонтанного массового отклика. Самые разные люди из всех слоев общества действовали по велению своей совести и с чувством личной ответственности. Благодаря такому спонтанному, добровольному и действенному сотрудничеству евреев и неевреев, осуществилось желание раввина Мельхиора, чтобы в считанные часы каждый еврей в Дании узнал о нависшей опасности. Известие дошло почти до каждого, кого оно напрямую касалось. Однако немцы ни о чем не догадывались.

Когда король Кристиан X узнал о планах нацистов, он написал письмо Бесту и поручил Свеннингсену вручить его лично. В этом письме, после ссылки на поступившие к нему сообщения о том, что немцы наме-

СПАСЕНИЕ ЕВРЕЕВ ДАНИИ

реваются предпринять меры против евреев Дании, король написал: «Я хочу особо подчеркнуть, не только по соображениям гуманной заботы о гражданах моей страны, но также из опасения других последствий в будущих отношениях между Германией и Данией, что особые меры в отношении группы людей, которые на протяжении более ста лет пользовались всеми гражданскими правами в Дании, приведут к самым серьезным последствиям».

Это письмо никогда не попало к Бесту, потому что он отказался принять Свеннингсена. Бест был слишком занят завершением своих планов реализации «окончательного решения» в Дании.

Незадолго до полуночи 29 сентября 1943 г. два немецких транспортных судна, включая большой корабль «Wartheland», бросили якоря в гавани Копенгагена. Спустя несколько часов после полуночи немцы начали операцию. Грузовики, заполненные гестаповскими коммандос и отрядами специальной немецкой полиции, помчались по улицам, чтобы захватить восемь тысяч евреев, проживающих в Дании. Командование Вермахта выделило войска, оцепившие кордоном гавань Копенгагена, готовясь к погрузке восьми тысяч евреев на транспортные суда. Уверенный в успехе операции, Вернер Бест поспешил отправить следующую телеграмму Гитлеру: «Это был мой долг — очистить Данию от евреев. Эта цель достигнута. Дания свободна от евреев и полностью очищена».

Всю ночь напролет гестаповцы, имевшие списки евреев, врывались в их дома.

Однако дома были пусты. Евреев в них не было.

Из восьми тысяч датских евреев к немцам в эту ночь попали 202 человека, которые по болезни или по старости решили ничего не предпринимать, несмотря на предупреждение об опасности.

77

ДАТСКИЙ УРОК

Операция провалилась. Ее пришлось продолжать в течение нескольких дней, и общее число евреев, которые были схвачены и отправлены в Терезин, составило к концу октября 1943 г. 472 человека.

Уже к утру первого дня стало очевидно, что немцы потерпели в Дании крупнейшее поражение в операции по «уничтожению мирового еврейства», как они это называли. Когда это известие достигло Берлина, Гитлер и Гиммлер, по свидетельству очевидцев, пришли в неописуемое бешенство.

Убийца евреев номер один — Адольф Эйхман, — возглавлявший подотдел «по делам евреев» в Имперском управлении безопасности Третьего рейха, получил приказ отправиться в Данию, чтобы на месте определить возможности исправления ситуации. Он прибыл в Копенгаген 3 октября — грубо обругал Беста, орал на Милднера. Но все было бесполезно. Немецкое транспортное судно *Wartheland*, приспособленное для перевозки тысяч узников, покинуло гавань Копенгагена, имея на борту лишь 202 человека. Второе транспортное судно ушло пустым. Эйхман был вынужден покинуть Данию из-за критической ситуации в Восточной Европе. Перед отъездом он отдал приказ продолжать рейды и во что бы то ни стало найти евреев. Он был уверен, что евреи Дании не смогут скрываться больше чем несколько дней.

78

6

В ТАЙНЫХ УБЕЖИЩАХ

Невидимые, но преследуемые...

Карл Росс

Саботажники, члены запрещенной коммунистической партии, подпольщики — все они знали, почему должны скрываться. Они сами приняли решение бороться с немецкими оккупантами и по своей воле шли на риск и возможные последствия. Но почему должен скрываться еврей? Он не был вовлечен в нелегальную борьбу против немцев. Почему он скрывался? В чем была его вина? Он был виновен в том же, что и миллионы его единоверцев: он родился евреем.

Саботажника ждал суд, возможно, тюрьма, возможно, расстрел. Еврей не мог рассчитывать на суд и тюремное заключение. Его ждал концентрационный лагерь и неминуемая гибель, независимо от того, был это старый человек или ребенок. Такой конец для него был предрешен только тем, что он был еврей.

Поспешившие скрыться евреи Дании знали, какая судьба постигла почти всех евреев Норвегии, которые остались в этой стране после 1940 г. Они также знали о трагической судьбе евреев во всех других оккупированных немецкими фашистами странах. Первые дни после бегства в укрытия были отмечены вспышкой самоубийств — от отчаяния и безнадежности. В Копенгагене две сестры, чуть старше двадцати лет, покончили с собой, бросившись под колеса трамвая. Несколько человек повесились, другие отравились газом. Перед тем как спрятаться, многие евреи попросили у своих врачей капсулы с ядом на случай, если они попадут в лапы к нацистам. Несколько человек, не видя для себя никакого выхода и не веря, что кто-то станет рисковать жизнью, чтобы помочь им, приняли яд, не будучи схваченными немцами.

Но датчане были готовы рисковать своей жизнью, чтобы помочь евреям. Их было много — таких датчан — почти все население Дании. Когда евреи узнали, что думают и как поступают их сограждане-датчане, это стало для них решающей моральной поддержкой, вернуло надежду. Вспышка самоубийств прекратилась.

Чтобы найти спрятавшихся евреев, немцы сразу объявили, что в обмен на информацию о том, где скрываются евреи, они освободят ряд высших офицеров датской армии и флота, взятых в качестве заложников после объявления в стране чрезвычайного военного положения 29 августа 1943 г. Однако генерал сухопутных войск Герц и вице-адмирал Ведель отвергли такую сделку, добровольно предпочтя тюрьму. Герц заявил, что освобождение на таких условиях означало бы унижение. Ведель в ответе немцам заявил: «Нет никакого смысла в обмене одного датчанина на другого».

Бест сознавал, что Герц и Ведель в силу их высокого общественного положения командующих датскими вооруженными силами могли быть идеалистами, но был уверен, что датские офицеры не столь высокого ранга с радостью примут свое освобождение на любых условиях и что население выдаст спрятавшихся евреев в знак благодарной признательности. Немцы выпустили 2 октября 1943 г. следующую прокламацию:

«В связи с тем, что евреи вследствие их антинемецких подстрекательств, а также их моральной и материальной поддержки терроризма и саботажа стали в значительной степени главными виновниками ухудшения положения в Дании и в связи с тем, что благодаря предупредительным мерам немецких властей эти евреи были изолированы от общественной жизни и им не было позволено далее отравлять атмосферу в обществе, немецкое командование намерено в целях удовлетворения желания, которое лелеет большинство датского народа, начать освобождение в течение нескольких последующих дней интернированных датских военнослужащих, и это освобождение будет продолжаться темпами, определяемыми техническими возможностями».

Провокационная прокламация не сработала. Не помогла и вторая подачка — отмена чрезвычайного военного положения в стране. Несколько офицеров приняли свое освобождение. Население устраивало, что ограничения чрезвычайного положения были сняты. Но никто, ни один, будь то гражданский или военный, за редким исключением случайных информаторов, не открыл немцам тайну мест, где скрывались евреи. Напротив, датский народ получил моральную поддержку от весьма авторитетных лиц продолжать делать все возможное, чтобы спасти укрывающихся евреев от немцев.

Подпольная газета «Фри Денмарк» 2 октября 1943 г. вышла с редакторской колонкой, подписанной Кристмасом Мюлле, датским министром торговли. Он писал:

«Последняя мерзость нацистов — преследование евреев — как бы разрушила последние слабые преграды, которые, как это ни странно, в некоторых местах все еще сдерживали поток негодования... Преследование евреев задело самую чувствительную струну в душах датчан: их понятие справедливости. Даже тот, кто неимоверно терпим, пассивен, равнодушен, в состоянии почувствовать эту мерзость и содрогнуться... Люди говорят, они недоумевают, что немцы все-таки осмелились сделать это. Мы, однако, не разделяем их удивления... от этой власти мы не ожидаем ничего иного, кроме расовых преследований. Мы хорошо знаем, что этот вид жестокости стал политикой Третьего рейха с 1933 г. Немецкие захватчики не должны полагать, что освобождение и отправка домой солдат или формальная отмена чрезвычайного положения позволит им справиться с волной негодования, вызванной этой подлостью. Мы не позволили себе уступить угрозам Германии, когда речь шла о благополучии евреев. Не уступим мы и теперь, даже когда тяжкое наказание и возможная отправка в Германию грозят нам за оказание помощи нашим согражданам-евреям. Мы уже помогли и будем продолжать помогать им всеми имеющимися в нашем распоряжении средствами. События двух минувших ночей должны стать для нас частью судьбы Дании, и, если мы оставим евреев в этот черный час их беды, мы предадим свою собственную страну».

Группа датских лютеранских епископов направила 3 октября 1943 г. письмо немецким оккупационым властям в Дании. Это письмо было зачитано также в каждой лютеранской церкви страны. В письме говорилось:

«Мы никогда не забудем, что, согласно обещанию, которое Б-г дал избранному народу Израиля, в Вифлееме у Девы Марии родился Иисус Христос.

Преследование евреев противоречит гуманистической концепции любви к соседям и морали, которую проповедует христианская церковь.

Христос учил нас, что каждый человек ценен в глазах Бога.

Это преследование противоречит правосознанию датского народа, столетиями сформированного культурой Дании. Согласно Конституции страны и по закону о свободе вероисповедания все граждане Дании имеют равные права и обязанности. Мы уважаем право религиозной свободы и право отправления обрядов по велениям совести. Расовая принадлежность или религиозные верования сами по себе никогда не должны являться поводом для лишения людей их прав, свободы или собственности.

Несмотря на наши отличающиеся религиозные верования, мы будем бороться за сохранение для наших еврейских братьев и сестер тех же свобод, которые мы сами ценим больше жизни. Лидеры датской Церкви ясно сознают обязанности законопослушных граждан, но в то же время представляют, что на них лежит обязанность поддерживать право свободы и протестовать против любого нарушения справедливости. Совершенно очевидно, что в данном случае мы следуем законам Бога, а не человека».

Зачитав это обращение, пастор церкви Фрайдериксбера Ивар Ланге добавил от себя: «Политика не должна обсуждаться здесь, в церкви, поскольку это наказуемо. Тем не менее я говорю вам, что предпочту погибнуть вместе с евреями, чем жить с нацистами».

В каждой лютеранской церкви Дании после чтения письма епископов люди молились о спасении датских евреев.

Декан Йоханнес Нордентофт, пишущий в газете для датских пасторов, комментировал: «Христиане будут первыми в борьбе с этим грязным антисемитизмом». Он также назвал пособниками нацистов тех, кто «остается безмолвным или выражает свое осуждение, просто пожимая плечами». Кай Мунк, датский священник, поэт и драматург, произнес проповедь, в которой сказал: «Если здесь, в этой стране, начались погромы, направленные против какой-то группы наших сограждан, церковь имеет право выразить свой решительный протест. Это нарушение основного закона Царства Христова и противно нордическому мышлению. Церковь в данном случае должна быть неутомимой».

Многие датчане, старательно избегавшие поступков, могущих разозлить немцев, действовали без колебаний, когда потребовалось дать тайное прибежище евреям. Одним из таких датчан был Оге Бертельсен директор частной школы в Луннбю. Когда немецкие войска вторглись в Данию, Бертельсен преподавал в средней школе в Гауле, в северной части Швеции. Капитуляция Дании его не встревожила. Он думал о своей семье, живущей в Бадинг Лейне, при-

84

городе Копенгагена, и был счастлив сознанием того, что ему удалось вернуться в Данию и найти свою семью и дом невредимыми, а свою страну неразрушенной. Как он признался позднее, поначалу он был преданным сторонником так называемой политики сотрудничества. Но по мере того как шло время, в нем постепенно зрело неприятие немцев. Тем не менее в силу своих пацифистских убеждений он упорно отказывался участвовать в какой-либо подпольной деятельности, направленной против оккупантов. Однако весть об арестах евреев заставила его в корне изменить отношение к оккупантам. Бертельсен знал иврит, написал книгу о Ветхом Завете, среди его друзей были евреи. Когда 1 октября фру Свен Норилд, жена одного его коллеги, спросила, не мог бы он помочь спрятать евреев, он сразу согласился сделать все, что в его силах. На следующий день шестьдесят датских евреев нашли тайное прибежище в его школе. «Теперь, — рассказывал Бертельсен, — не осталось места сомнениям или неопределенности. Перед лицом этих открытых актов жестокости, безумных в своей бессмысленности, это уже не было вопросом чьей-то точки зрения. Руководством к действию было Слово Господне. Даже в сложных или отчаянных условиях часто приходит счастливое ощущение возможности посвятить себя делу, которое, по твоему твердому убеждению, является безусловно праведным и абсолютно обязательным. Ситуация, сложившаяся в это время в Дании, являла собой именно такой пример. Ни один честный человек, похоже, не мог после этого рейда удержаться от того, чтобы не помочь преследуемым, взывавшим о помощи».

Капитан Кристиан Кислинг и его жена Гети были также среди тех, кто, несмотря на антипатию к нацистам, сознательно избегали любых антинемецких акций. Но так же, как это произошло с Бертельсеном, их отношение к происходящему в стране изменилось, когда немцы предприняли попытку ареста датских евреев. Когда немецкие войска вторглись в Данию, Кислинг находился в плавании недалеко от Британской Вест-Индии. Он получил сообщение о вторжении от радиста своего танкера Бента Мерска, и единственное, что его беспокоило, — судьба жены и двух детей, оставшихся в Копенгагене. Он добрался до них через Португалию, Италию и Германию и был рад увидеть их живыми и невредимыми, а страну не пострадавшей от войны. И хотя у него и в мыслях не было хоть как-то противодействовать немецким оккупационным силам, он вместе с тем не собирался и помогать им. В результате, вместо того чтобы вернуться на судно, где ему пришлось бы работать для нацистов, он нашел место на суше — в датской спасательной компании. 30 сентября семья Кислинг узнала о готовящейся облаве на евреев, но отказались в это поверить. В эту ночь они поняли, как глубоко заблуждались. Их разбудил резкий скрежет тормозов грузовиков у их многоквартирного дома. Через несколько мгновений они услышали зловещий топот сапог на лестнице, которая вела к квартире их соседей-евреев. Топот сапог сменился звуками ударов прикладов в дверь и криками: «Открывай!»

— А мы не поверили в это! — воскликнул капитан Кислинг.

На какое-то время стало тихо, а затем — вновь стук прикладов в дверь. Затем снова тишина.

— Может, их нет дома, — прошептала госпожа Кислинг. — Может, они исчезли из дома и спрятались.

Кислинг и жена, прижавшись к двери, прислушивались к тому, что происходило на лестнице. Единственное, что они услышали теперь, был звук грохочущих сапог, спускающихся вниз по лестнице. Бросившись к окну, они увидели эсэсовцев, высыпавших на улицу.

— Здорово! — воскликнула госпожа Кислинг. — Им не удалось никого схватить.

— Мы должны что-то делать, — сказал капитан Кислинг. — Завтра же и начнем!

Над гаражом спасательной компании, где работал Кислинг, находился большой пустой чердак. Это было отличное убежище для евреев. К моменту, когда ночь вновь опустилась на Копенгаген, на чердаке уже были спрятаны 40 человек. Друзья Кислингов предоставили армейские походные кровати, одеяла и подушки. Но с питанием беглецов было непросто. И дело было не в продовольственных карточках или деньгах (многие беглецы захватили с собой и то и другое). Госпожа Кислинг остерегалась вызвать подозрения владельцев и служащих магазинов, где обычно делала покупки, тем, что вдруг стала закупать там огромное количество еды. Она также боялась прохожих, которые с изумлением глядели на женщину, несущую десяток буханок хлеба. Чтобы избежать этого, ей пришлось делать покупки в разных магазинах и по нескольку раз в день. Придя домой, она готовила бутерброды и варила кофе, а как только становилось темно, поднималась со всей этой едой к беглецам. Не будучи уверенной, что может доверять служанке, фру Кислинг ввела как обязательные ее длительные прогулки с малышом в любую погоду, а еду на сорок человек готовила, когда той не было. Важнее, чем накормить беженцев, было успокоить их страхи, и потому в течение тех нескольких суток, когда первая группа беженцев пряталась у Кислингов, у капитана и его супруги почти не было времени для сна. Вечерние часы в основном посвящались разговорам с беженцами для поднятия их духа и внимательному присмотру за теми, кто проявлял безнадежное отчаяние и мог попытаться покончить с собой.

«Это и вправду были тяжкие дни для всех нас, — вспоминала позднее госпожа Кислинг. — Невозможно наслаждаться теплой постелью по ночам, когда знаешь, что твои соотечественники находятся в страхе и неопределенности, не зная, куда бежать дальше и к кому обратиться».

Евреев прятали всюду: в домах христианских родственников, друзей, просто незнакомых людей, в протестантских церквях, в католических монастырях, в отелях, летних домиках, подвалах, складах, на фермах и в больницах. Самую большую помощь оказали врачи. Когда весть о нацистском рейде дошла до больниц, в считанные минуты датские евреи, чьи фамилии выдавали их национальность, были как бы выписаны из больницы и вновь поступили, но уже под вымышленными, звучащими на датский манер, именами. Несколько сотен евреев в панике бежали в леса в окрестностях Копенгагена. Сотни датских студентов организовали поисковые отряды для прочесывания лесов, чтобы найти и вывести евреев в более безопасные места. Крупные домовладельцы селили беженцев в пустовавшие дома.

Спрятать одного человека или даже двух было не очень трудно. Однако, когда дело касалось многочисленных семейств, сложности значительно возрастали. Не только потому, что часто было просто трудно найти для них место, но и потому, что существовала опасность ареста всей семьи. Именно поэто-

СПАСЕНИЕ ЕВРЕЕВ ДАНИИ

му, даже когда можно было найти достаточно места в одном доме для укрытия большой семьи, датчане часто старались распределить ее членов в нескольких христианских домах — на тот случай, если нацисты нагрянут в один дом, родные, спрятанные где-то в другом месте, смогли избежать ареста. Несмотря на разумность таких мер предосторожности, очень часто они сопровождались страхом и душераздирающими сценами расставания членов семьи. Матери, отцы, сестры, братья не были уверены, смогут ли вновь свидеться друг с другом.

Евреи были спрятаны в тайных убежищах, но они не могли оставаться там бесконечно долго. Немцы умножили свои усилия найти их. Было ясно, что, если не вывезти их из Дании на нейтральную территорию в ближайшие дни, они будут обнаружены. Наиболее подходящим безопасным местом для беглецов была нейтральная Швеция, добраться до которой можно было, преодолев несколько миль водного пространства. Однако существовали сомнения, примет ли Швеция еврейских беженцев. И даже если Швеция согласится их принять, оставалась проблема: каким образом переправить их, минуя гестапо, немногочисленных датских нацистов и доносчиков, а также — и это было самым опасным, — как проскочить через немецкие морские патрули.

В течение предыдущего месяца Швеция сделала два предложения Германии. Первым было интернировать всех датских евреев. Вторым — обращение к Германии дать возможность Швеции принять у себя всех детей датских евреев. Первое предложение, которое возникло как результат секретной поездки Дуквица в Швецию, осталось без внимания. Второе, целью которого было спасти детей датских евреев,

89

было отклонено Германией в выражениях, не оставляющих никаких сомнений в ее позиции. «Это предложение не встретило здесь признательности, — сообщил государственный секретарь Стинграт шведскому представителю в Берлине. — И почему Швеция так недвусмысленно становится на сторону большевизма, в то время как мы и наши союзники проливаем кровь, чтобы отвести коммунистическую угрозу от Европы, а следовательно, и от нордических стран?.. При соответствующих обстоятельствах такая позиция может вынудить нас к таким ответным мерам, в отношении которых никто не должен заблуждаться».

Это была явная угроза Швеции, весьма дорожившей своим нейтралитетом. После такой угрозы осмелится ли Швеция раздражать Германию, предложив убежище евреям из Дании? Несомненно, ничто в прошлом не указывало на то, что Швеция может предпринять какие-либо действия, рискуя вызвать раздражение Германии или ее угрозы. Фактически, у многих политических наблюдателей возникал вопрос, не был ли так называемый нейтралитет Швеции лишь ширмой для ее явно пронемецкой позиции?

Соответствовало ли статусу нейтральной страны то, что Швеция отправляла вооружения Финляндии для войны с СССР, но отказала в военных поставках, включая боеприпасы и бензин, норвежцам для борьбы с немцами? Было ли это нейтралитетом, когда шведское Министерство иностранных дел позволило немцам посылать через шведского посланника в Буэнос-Айресе кодированные сообщения, наводившие немецкие подводные лодки на конвои союзников? И что это был за нейтралитет, если шведскому государственному железнодорожному транспорту было разрешено осуществлять перевозки (принесшие, кстати, двадцать два миллиона крон прибыли) сотен тысяч немецких солдат и огромного количества военных материалов гарнизонам в Норвегии? Это были те самые войска и военные грузы, которые, если бы Швеция отказала Германии в их наземной транспортировке, могли быть потоплены на море военно-морским флотом Великобритании. Были ли проявлением нейтралитета поставки Германии шведской железной руды и шарикоподшипников? Кроме того, было хорошо известно о пронемецких настроениях шведских промышленников, некоторых членов королевской семьи, высшего эшелона офицерства шведской армии, чиновников правительственного аппарата и редакторов нескольких влиятельных газет. Захочет ли страна столь в высшей степени подозрительного нейтралитета рисковать, идя на конфликт с фашистской Германией, и предоставить убежище евреям из Дании?

Два фактора способствовали положительному ответу на этот вопрос. Первым был тот, что шел октябрь 1943 г. и становилось ясно, что союзники, по-видимому, выигрывают войну. Однако время летело много быстрее для датских евреев, чем для Германии, и Швеция должна была дать свой ответ незамедлительно. Задержка в несколько дней весьма вероятно могла сокрушить все надежды на их возможное спасение. Вторым фактором оказалось прибытие в Швецию 1 октября 1943 г. одного из величайших гениев столетия, нобелевского лауреата физика Нильса Бора.

В 1943 г. во всем мире был только один человек, знавший о ядерной физике больше, чем Нильс Бор, — его друг Альберт Эйнштейн. Нильс Бор был очень нужен союзникам в Соединенных Штатах для работы над атомной бомбой. 30 сентября 1943 г. Бор был тайно переправлен на небольшом судне из Дании в Швецию. Здесь Бора приветствовал профессор Фредерик Линдеман, личный советник Черчилля по научным вопросам. Линдеман, в будущем лорд Червел, сообщил ученому о планах союзников: Бору надлежало немедленно вылететь самолетом в Лондон, а затем направиться в Соединенные Штаты. К изумлению Линдемана, Бор отказался, заявив, что не покинет Швецию, пока ему не предоставят возможность встретиться с министром иностранных дел этой страны. Встреча была назначена на следующее утро, и Бор выехал в Стокгольм.

Перед тем как покинуть Данию, Бор узнал от своего друга Ганса Хедтофта о планах немцев арестовать датских евреев. На встрече с министром иностранных дел Бор объявил, что не намерен уезжать из Швеции до тех пор, пока не получит обещание министра предоставить убежище всем евреям Дании, которые сумеют добраться до шведских берегов. Получив отказ, разгневанный Бор потребовал аудиенции у короля Швеции. Король Густав заверил Бора, что он с пониманием относится к этой проблеме и самым тщательным образом ее рассмотрит. На следующий день Бор получил заверение короля, что Швеция примет евреев Дании.

Агенты союзников в Стокгольме смогли перевести дух. Они полагали, что уж теперь-то Бор согласится отправиться в Лондон, но они заблуждались. Что толку в заверении короля Густава, возражал Бор, если евреи Дании не знают об этом? Союзникам не терпелось заполучить Бора в Америке, и, кроме того, они не без основания опасались, что немецкие

92

СПАСЕНИЕ ЕВРЕЕВ ДАНИИ

агенты в Стокгольме могут похитить или убить Бора. Однако Бор отказывался покинуть страну до тех пор, пока гарантии Швеции, обещанные евреям Дании, не будут опубликованы на первых страницах ведущих газет и переданы по радио, вещавшему на Данию. Требования Бора были доложены королю Густаву, и спустя несколько дней все, на чем настаивал Бор, было сделано. Шведская пресса опубликовала на первых страницах предложение предоставить убежище евреям Дании, а принадлежащая правительству шведская радиостанция транслировала это сообщение в передачах на Данию. После этой радиопередачи Бор согласился вылететь в Лондон. Он совершил перелет в бомбовом отсеке самолета «Москито» Королевских Военно-воздушных сил Великобритании. Из-за неполадок с подачей кислорода Бор прибыл в Лондон в бессознательном состоянии, но серьезно он не пострадал. Прежде чем продолжить путь в Соединенные Штаты, Бор встретился в Лондоне с королем Норвегии. Радость короля Хаакона по поводу успешной миссии Бора в Швеции была омрачена горьким сожалением по поводу того, что Швеция не выступила с таким предложением в отношении евреев Норвегии, в результате чего многие из них были убиты немцами.

Когда весть о предложении Швеции достигла Дании, те, кто прятался, и те, кто прятал — евреи Дании и датчане, — испытали огромную радость. Само собой, нацисты были в бешенстве.

Теперь оставался один вопрос — как добраться до Швеции?

ГЛАВА III
ИСХОД

7

БЕГСТВО

Ускользайте, но не говорите «прощай»...

Анна Летиция Барбо

Существовал единственный путь, которым датские евреи могли добраться до Швеции, — море. Однако за несколько дней до рейда, начавшегося 1 октября, немцы приказали, чтобы все плавучие средства, принадлежащие датчанам, были вытащены на сушу и находились по крайней мере в 1000 футах от воды. Исключение было сделано только для рыболовных судов.

Сразу после того как Швеция официально объявила по радио и через газеты о своей готовности предоставить убежище евреям Дании, несколько сотен тех, кто находились в тайных убежищах, кинулись в прибрежные города и населенные пункты, где надеялись найти рыбаков, согласных переправить их в Швецию. Хотя большинство датских евреев не решались покинуть свои убежища, эти несколько сотен, наняв такси, устремились в Хельсингер, Снеккерстен, Стеунс и Драгер.

Чиновник высокого ранга датского Министерства иностранных дел, который в то время активно участвовал в Движении социалистической молодежи, впоследствии рассказывал об этом бегстве: «Было удивительно видеть в это время на дорогах множество переполненных такси, в которых находились евреи, устремившиеся в прибрежные города. Во многих случаях водителям такси платились большие деньги, но и риск для них был очень велик, так как по немецким законам помогать евреям бежать было преступлением. Я слышал, как люди говорили, что некоторые немцы, в частности служащие Вермахта, в отличие от гестапо, отворачивались, делали вид, что ничего не видят, и позволяли евреям бежать, но я лично в это не верю. Скорее всего, все произошло так быстро, что немцев застали врасплох и оставили в дураках. Их здорово разозлили, и фактически они делали все, что могли, чтобы захватить убегавших».

Большинство беженцев скопились в городах Снеккерстен и Хельсингер, где водное пространство, разделяющее Данию и Швецию, составляет всего две с половиной мили (около четырех километров). Местные жители помогали им, пряча в отелях, небольших гостиницах, на фермах, в гаражах и собственных домах. Вернер Кристиансен, владелец небольшой гостиницы в Редвиге, отдал беженцам все номера, а тех, кого не удалось разместить, передал на попечение местных городских жителей и фермеров. И ни один человек среди многих местных жителей, к которым обратился Кристиансен, не отказал ему.

Бегство в прибрежные города в эти первые дни октября было неорганизованным, хаотичным. Большинство среди 472 датских евреев, которых немцы смогли арестовать, составляли те, кто были схвачены именно в эти дни.

Одним из них оказался редактор датской газеты *Politiken*, рассеянный, погруженный в свои мысли человек. Когда немецкие солдаты остановили его на улице после наступления комендантского часа и задали вопрос, куда это он волочит свой чемодан, он ответил: «Я убегаю».

На вопрос одного из солдат пояснить, что это значит, редактор пояснил: «Видите ли, я еврей, а Швеция объявила, что примет всех евреев из Дании. Так что я спешу в Снеккерстен».

В эту первую неделю октября пятидесятилетний, маленького роста портной появился в доме одного из своих клиентов, инженера-строителя Стига Хансена. Увидев его, Хансен пришел в ужас.

— О боже, что вы тут делаете? Вы разве не слышали?

— Да-да, — прервал портной, — я все слышал. Вы должны мне деньги.

— Вы что, с ума сошли? — воскликнул Хансен. — Вы же должны скрыться.

— Я не могу себе этого позволить из-за денег. Я слышал, что Швеция готова принять нас, евреев, у себя, если мы сумеем туда добраться, так что мне нужны какие-то деньги, чтобы заплатить за дорогу. Единственный способ добраться до Швеции — на ры-

СПАСЕНИЕ ЕВРЕЕВ ДАНИИ

бацких ботах, а рыбаки наверняка затребуют втридорога.

— Я одолжу вам денег, — сказал Хансен.

Портной гордо вскинул подбородок:

— Я давно сделал для себя жизненным правилом — никогда не брать взаймы.

— Но ведь сейчас исключительные обстоятельства, — убеждал Хансен. — Вы вернете мне долг, когда кончатся все эти неприятности.

— Нет-нет, — возразил портной. — Я обойду всех клиентов, которые задолжали мне, и если все они заплатят, что должны, тогда, быть может, мы с женой сможем набрать достаточно денег, чтобы уехать.

— У вас ничего не получится, — возразил Хансен. — Вас схватит гестапо. Возьмите деньги у меня!

Портной колебался.

— Но я никогда не беру денег в долг, — повторил он.

Хансен заплатил ему, сколько был должен.

Портной стоял, держа деньги в одной руке, а другой, в раздумье, чесал в голове.

— Ну? — спросил Хансен. — О чем вы думаете?

— У моей жены есть меховое пальто, — ответил портной. — Не нужно ли вашей жене меховое пальто? Я бы продал его недорого.

Хансен отправился с портным к нему домой. Портной с женой жили довольно бедно. Хансену было ясно, что семья зарабатывала ровно столько, сколько хватало, чтобы свести концы с концами, а если случались лишние деньги, они, несомненно, уходили на большую библиотеку — книжные полки стояли по всему дому. Меховое пальто, которое портной показал Хансену, было трачено молью. Тем не менее Хансен предложил за него сумму, эквивалентную 75 аме-

97

риканским долларам.* Он окинул взглядом жилье портного. Мебель была старая, потертая.

— Знаете что? — предложил Хансен. — Я бы взял кое-что из мебели. Я не хочу, чтобы вы подумали, будто я пытаюсь воспользоваться вашим затруднительным положением, но не могли бы вы продать мне эту пару стульев еще за семьдесят пять долларов?

Портной согласился.

— Теперь у вас есть сумма, которой должно хватить на дорогу в Швецию, — сказал Хансен.

— Это так, — согласился портной. — Только вот я никого не знаю, кто бы нас туда переправил.

Хансен привез портного и его жену в имение своего друга А. П. Мюлле, судостроителя в Хелерупе. Мюлле пообещал что-то придумать, чтобы портной с женой смогли добраться до Швеции.

В те же дни беспорядочных попыток бегства в прибрежные города несколько рыбаков, к которым обратились с просьбой о переправке евреев в Швецию, заломили непомерные цены. Не приходится отрицать, что в этом деле рыбаки рисковали не только своими судами, но и самой жизнью.

Однако этот фактор не мог служить оправданием в тех случаях, когда потерявший совесть рыбак стремился выжать из попавших в отчаянное положение беженцев все до последней копейки. В течение этой недели октября были рыбаки, которые затребовали и получили до пяти тысяч долларов за каждого пассажира. Но надо отметить, что лишь относительно небольшое число рыбаков требовали такую непомерную плату. В последующие дни стоимость переправ-

---

* Для удобства ориентации в ценах они часто приводятся в американских долларах, а не в датских кронах.

ки одного пассажира в среднем составляла 60 долларов. Кроме того, было много рыбаков, которые перевозили беженцев, не требуя никакой платы. Не было отмечено ни одного случая, когда бы беженец не смог попасть в Швецию из-за отсутствия денег за перевозку, хотя многим беженцам заплатить было нечем. На каждого владельца рыболовного судна, который запрашивал с еврейских беженцев непомерную сумму за перевозку, приходились десятки тех, кто переправлял их из искреннего желания помочь попавшим в беду людям.

Педер Кристофер Хансен был одним из тех, кто спасал евреев из самых благородных побуждений. За все, что он сделал для их спасения и для бойцов Сопротивления, он был награжден правительствами США и Дании. Его первая встреча с немцами произошла в 7 часов утра 9 апреля 1940 г. Хансен возвращался в порт с пятью тоннами трески в трюме своего судна, когда его остановил вооруженный немецкий траулер. Четыре немецких солдата прыгнули на палубу.

— Мы хотим рыбы, — заявил один из солдат.

— Что это значит, черт побери, вы хотите рыбы? Вы что, пираты?

— Нет, — ответил солдат. — Мы заплатим за нее.

— Даже если вы и собираетесь платить, вы, фрицы, не имеете права быть здесь. Это датские территориальные воды.

— Ты что, не слышал? — спросил солдат усмехаясь. — Мы с вами теперь воюем.

В это время над их головами пролетели немецкие самолеты.

— Это наши бомбардировщики, — заметил солдат, — они летят на Копенгаген.

ДАТСКИЙ УРОК

— Они будут сбиты, — парировал Хансен.

— Нет, не будут, — возразил солдат.

— Если мы воюем, они будут сбиты, — повторил Хансен.

— Нет, не будут, — твердил немец. — Вы, датчане, не умеете воевать. Немного постреляли на границе и все. Правительство в Копенгагене уже капитулировало.

Немцы заплатили Хансену за взятую рыбу и покинули его судно. Хансену был настолько отвратителен тот факт, что датчане отдали свою страну без борьбы, что он изменил курс своего судна и направился в сторону Швеции. Тяжелые льдины вынудили его вернуться, но его гнев не остыл.

В первую неделю октября в гавани Редвиг, где Хансен оставил свой бот, к нему подошел какой-то человек лет шестидесяти.

— Нельзя ли нам поговорить конфиденциально? — шепотом сказал незнакомец.

— А в чем дело? — спросил Хансен.

— Мне надо переправить двух своих сыновей в Швецию. Мы — евреи, а немцы стали арестовывать всех датских евреев. Смогли бы вы доставить моих сыновей в Швецию? Я хотел бы остаться здесь, несмотря на риск, но я должен отправить своих сыновей.

— Да, — ответил Хансен. — Я могу их забрать. И вас тоже.

— Нас здесь прячется довольно много, — открылся незнакомец. — Сколько человек примерно вы могли бы забрать?

— Сколько вас? — спросил Хансен.

— Вместе с моими сыновьями примерно пятьдесят человек.

— Я заберу всех, — сказал Хансен. — Мне придется сделать не одну ездку, но я заберу всех.

100

СПАСЕНИЕ ЕВРЕЕВ ДАНИИ

— Спасибо, и не беспокойтесь об оплате. Мы готовы заплатить за это.

— Мне не нужны ваши деньги, — ответил Хансен.

В ту ночь Хансен сделал две ездки в Швецию, чтобы перевезти туда пятьдесят еврейских беженцев. Это был его первый шаг в борьбе с немцами.

Спустя дня два к Хансену обратился его приятель, тоже рыбак.

— Послушай, у тебя ведь есть дочка, так что ты сможешь понять мою ситуацию. У меня сейчас находятся две молодые еврейские барышни. Их родители исчезли. Не мог бы ты переправить их в Швецию?

— Могу, — ответил Хансен.

— У них нет денег.

— А мне и не нужно, — сказал Хансен. — Мне только важно, чтобы то, что я делаю, было во вред немцам.

— Может, у тебя найдется место и для других? Моя шхуна уже полна.

— Конечно, найдется, — ответил Хансен.

В первом часу ночи он спрятал двух молодых девушек и еще восьмерых еврейских беженцев в трюме своего судна. В тот момент, когда он уже был готов отчалить, луч прожектора осветил палубу и ему было приказано оставаться на месте. Десять немецких матросов появились на борту рыбацкого судна.

— Что ты здесь делаешь в такой поздний час? — спросил начальник морского патруля.

— А что, не видно, что я делаю? Я отправляюсь ловить рыбу. А теперь убирайтесь к чертям с моего судна!

— Сдается мне, что ты занимаешься чем-то еще, — заявил начальник патруля. — Надо обыскать судно.

Хансен пошел на отчаянный риск:

— Валяйте, обыскивайте! — заорал он. — И пусть об этом узнают на вашей базе. Вы зачем, сукины дети, приперлись в Данию? Вы здесь для того, чтобы защищать нас, а не приставать к нам и доставлять беспокойство. А теперь убирайтесь к чертям собачьим, а не то я вместе с вами на борту прямиком направлюсь к вашему начальнику в Корсере, который, кстати, мой личный приятель, и расскажу ему сам, какие вы тут мне чините препятствия.

Немцы ретировались и покинули судно, а Хансен переправил своих беженцев на шведскую сторону, в Треллеборг.

Спустя неделю к Хансену обратился владелец отеля Вернер Кристиансен:

— Я знаю, ты переправляешь еврейских беженцев в Швецию, — сказал он.

— Да, я сделал пару ездок, — подтвердил Хансен.

— Не согласился бы ты перебросить еще и других?

— Сколько их?

— Четыреста.

— Четыреста! — воскликнул Хансен. — Какой, ты думаешь, у меня бот?

— А после того как ты их перевезешь, могут быть еще и другие.

— А кто же за меня будет ловить треску? — вслух размышлял Хансен. — А черт с ней, с треской. Люди важнее. Ладно, я сделаю все, что смогу.

Аксель Олсен — другой рыбак, который тоже руководствовался благородными идеалами. Он и его жена ненавидели немцев с самого первого дня, когда те вторглись в Данию. Война застала Олсена по дороге в доки, куда он ехал на велосипеде. Это было 9 апреля 1940 г. Олсен увидел над собой немецкие самолеты, сбрасывающие листовки. Подобрав и прочитав одну из них, он узнал, что Дания сдалась Германии. Он развернулся и покатил домой к жене и

СПАСЕНИЕ ЕВРЕЕВ ДАНИИ

пятилетнему сыну. Жена еще была в постели. Когда он разбудил ее, чтобы сообщить о случившемся, она сказала: «Это враки. Я этому не верю. Мы бы не позволили им вот так вот запросто, без борьбы, войти к нам». Олсен показал ей листовку. Прочитав, она вскочила с кровати, влетела в комнату сына, сгребла его игрушечные кораблики, которые были сделаны в Германии, и бросила в огонь кухонной плиты.

С того дня Олсен затаил ненависть к нацистам, но все это время до первой недели октября 1943 г. у него не было возможности воплотить эту ненависть в серьезном, конкретном деле. В начале этой недели Олсен вытащил свою рыбацкую сеть и вместе с богатым уловом трески обнаружил утопленника. Тело пробыло в воде несколько недель и страшно разбухло, но по одежде Олсен смог определить, что это был труп датского рыбака. Он втянул тело на борт и доставил его на берег. В находившемся неподалеку полицейском участке немецкие солдаты осмотрели труп, допросили Олсена и, по-видимому убедившись, что в этой истории нет ничего большего, чем то, что он им рассказал, отпустили его. Выйдя из здания полиции, Олсен поделился с австрийским охранником своим удивлением по поводу того, как быстро немцы его отпустили.

— Я думал, они будут долго держать меня, ждал больших неприятностей. Это ведь не каждый день случается, что рыбак вылавливает мертвеца.

— Тебе повезло, им сегодня не до тебя, — ответил охранник. — Они обеспокоены провалом их операции в минувшие две ночи.

— Что за операция? — спросил Олсен.

— Да по аресту евреев. Насколько я знаю, им никого не удалось схватить. Все евреи скрылись. Так

103

что сейчас немцы пытаются установить, где они прячутся.

Возвращаясь к своему боту, Олсен размышлял, что бы он мог сделать, чтобы помочь скрывающимся евреям, и вдруг увидел паренька, помощника булочника, которого хорошо знал. Ему показалось странным, что паренек идет по улице в своей белой одежде и шляпе, с руками, перепачканными мукой.

— Что ты здесь делаешь? — спросил Олсен. — Разве ты не должен быть в пекарне?

Парнишка внезапно остановился и заплакал.

— Что случилось? — забеспокоился Олсен.

— Вы слышали об облаве, которую немцы устроили на датских евреев? — спросил паренек.

— Я только что узнал об этом, — ответил Олсен. — Но какое это имеет к тебе отношение?

— Я еврей.

— Я этого не знал.

— Никто вокруг этого не знает, — продолжал мальчик, — вот почему я не спрятался, как остальные. Но теперь я боюсь, что немцы узнают. Все евреи пытаются добраться до Швеции, но у меня нет денег. Я только помощник булочника и зарабатываю мало. У меня есть всего десять крон.

Олсен убедил пекаря перестать плакать, привел к себе домой, накормил, дал свою одежду и забрал с собой на бот. Там он велел ему затаиться в трюме до наступления темноты, а затем переправил в Швецию.

Спустя несколько дней Олсена навестил его друг Эрик Бек, адвокат по уголовным делам, и сообщил, что у него прячется начальник местной полиции Оге Лотинг, еврей по национальности. Не знает ли Олсен, поинтересовался Бек, какого-нибудь рыбака,

СПАСЕНИЕ ЕВРЕЕВ ДАНИИ

который бы взялся переправить Лотинга в Швецию. Олсен согласился сделать это сам. С того дня вплоть до окончания войны Олсен перевез сотни человек.

Среди тех, кто попытался бежать в Швецию в эту первую неделю октября 1943 г., был и раввин Мельхиор со своей семьей. Сначала семья раввина нашла приют в доме пастора Ханса Килебю, а через несколько дней его сын договорился с одним молодым рыбаком о переправке Мельхиора и его семьи в Швецию. К семи часам вечера, когда Мельхиоры начали свой путь, было уже совершенно темно. Они отправились с острова Фальстер, что к югу от острова Зеландия. Весь путь на небольшом ботике должен был занять около шести часов. Спустя двенадцать часов они все еще были в море. На рассвете показалась земля. Мельхиор узнал Гесер, датский городок недалеко от немецкой границы. Молодой рыбак, поведение которого казалось раввину странным, наконец признался, что боялся немецких патрульных судов и всю эту долгую ночь просто кружил на одном месте. Взбешенный раввин оттолкнул рыбака и встал за руль. Ему никогда еще не доводилось стоять за штурвалом, тем не менее, сверяясь с картой, через шесть часов ему удалось вывести ботик в безопасные территориальные воды Швеции.

Датчане очень быстро осознали, что для успешного исхода евреев Дании в Швецию нужна организованная форма действия, а не просто разрозненные усилия отдельных смельчаков. Поначалу не было ни плана, ни организации. Спасение носило стихийный характер. Но спасением своих соотечественников они бросали вызов оккупантам. И очень скоро эти действия приобрели черты операции, в которой единая воля народа противостояла планам Третьего рейха.

105

8

ПОКУПАТЕЛИ НЕ НУЖНЫ

Фортуна улыбается храбрым.

Теренций

До 12 сентября 1943 г. книжный магазин, которым владел Стаффелдт, находился в Дагмар-хусе, в том же здании, где разместилась штаб-квартира копенгагенского гестапо. Но в тот день гестаповцы забрали себе все здание, и Стаффелдт был вынужден подыскать другое место. Он переехал в новое помещение неподалеку. В глубине магазина оставалась свободная комната. Именно там в ту первую неделю октября 1943 г. собралась группа подпольщиков. В группу входили сам Стаффелдт, его младший брат Йорген, Йенс Лиллелунд и юрист Свен Трулсен. Их целью было попытаться найти какой-то способ

СПАСЕНИЕ ЕВРЕЕВ ДАНИИ

организованной переправки евреев Дании в Швецию. Они понимали, что индивидуальные попытки переправиться были слишком опасны. На протяжении нескольких минувших дней около двухсот человек уже попытались сделать это, но были схвачены. Требовалось организовать доставку беженцев из мест, где они скрывались, к различным пунктам сбора, а затем передать рыбакам, которые согласились бы переправить их морем в Швецию. Необходимо также было оговорить цены. Лиллелунд предложил, чтобы группа встретилась с рыбаком, которого он знал. Его звали Нильсен. Лиллелунд был уверен, что Нильсен свяжет их с руководителями Ассоциации рыбаков, которые, в свою очередь, помогут договориться о единой умеренной цене.

На встрече подпольной группы было решено, что в качестве сборных пунктов будут использоваться различные больницы в Копенгагене, где уже нашли убежище тысячи евреев. В качестве самого безопасного транспорта для доставки беженцев на суда, было предложено использовать машины «скорой помощи» и такси. В качестве одного из сборных пунктов Моугенс Стаффелдт предложил подсобное помещение в глубине своего магазина. Поначалу это предложение вызвало возражения, но, как известно, датчане отличаются хорошим чувством юмора, и потому после некоторого размышления идея собирать беженцев в магазине, находящемся через улицу от штаб-квартиры гестапо, была принята.

Одна из первых групп, которую привезли в магазин, почти наполовину состояла из детей. Лиллелунд вывез их из подвала дома своего друга, где они прятались. Все они были сильно напуганы, и около часу ночи с одним малышом случилась истерика. Возникла цепная реакция, и через несколько минут с пол-

107

ДАТСКИЙ УРОК

дюжины детей орали во все горло так, что родители не в силах были их успокоить.

— Он очень нервный, — оправдывалась мать малыша. Когда он приходит в такое состояние, мы обычно даем ему успокоительное, но теперь у нас его больше нет.

— Им бы всем не помешало успокоительное, — заметила другая мать.

Лиллелунд понимал, что должен что-то предпринять, чтобы успокоить детей В противном случае всю группу могли обнаружить. Его собственный врач, к несчастью, уехал по делам в Швецию, а все другие врачи, которых он знал, находились далеко от книжного магазина. Он взял телефонный справочник и выбрал имя первого же попавшегося врача, который жил в нескольких кварталах от магазина. Поскольку уже давно наступил комендантский час, Лиллелунд должен был прокрасться незаметно, прячась в тени зданий, чтобы не попасть в руки немецких патрулей.

Наконец он достиг дома врача и позвонил.

Ему открыл сам врач. Он был в пижаме.

— Разрешите войти? — спросил Лиллелунд.

— Кто вы такой? Что вам нужно?

— Нужна срочная помощь!

Доктор смотрел на Лиллелунда с подозрением и не двигался с места. Лиллелунд знал, как относились к немцам почти все датские врачи, и потому, не колеблясь, быстро объяснил ситуацию. «Так что если бы вы смогли просто дать мне бутылочку успокоительного или снотворное для детей, я был бы вам очень признателен», — закончил он свой рассказ.

— Так нельзя, — возразил доктор. — Только врач может давать такие средства. Я сам позабочусь обо всем. Если вы отведете меня к детям, я их успокою. А пока зайдите, я должен одеться.

108

СПАСЕНИЕ ЕВРЕЕВ ДАНИИ

— У нас совсем мало времени, — предупредил Лиллелунд.

— Хорошо, — ответил доктор. — Дайте же мне хотя бы набросить пальто поверх пижамы.

Накинув пальто и захватив свой докторский саквояж, врач поспешил за Лиллелундом в магазин Стаффелдта. В подвале стоял невообразимый крик.

В считаные минуты доктор сделал всем детям уколы. Успокаивающее средство подействовало мгновенно, дети затихли, лица их побелели, глаза закрылись, они выглядели мертвыми. Родители с ужасом смотрели на происходящее. Лиллелунда била дрожь.

— Я понимаю, — сказал доктор, — они выглядят как мертвые. Но не волнуйтесь, они живы. Присмотритесь, и вы убедитесь, что они дышат.

Лиллелунд и родители склонились над детьми.

— Они будут оставаться в таком состоянии в течение шести-восьми часов, — пояснил доктор.

Лиллелунд не мог отвести глаз от детей. Продолжая наблюдать за ними, он обратился к врачу:

— Сколько я вам должен?

— Ничего, — ответил врач. Он закрыл свой саквояж, набросил пальто поверх пижамы и ушел.

Никто не произнес ни слова. Стояла мертвая тишина. Ни родители, ни Лиллелунд — никто не мог отвести глаз от детей.

— Я верю, доктор знал, что он делает, — прервал молчание Лиллелунд. — Так намного лучше. Теперь их никто не услышит. А через шесть-восемь часов, как сказал доктор, они очнутся. К этому времени как раз и надо будет отправляться на берег.

— А что если они снова начнут кричать, когда проснутся? — спросил кто-то из беженцев. — Что если они раскричатся по дороге к ботам?

109

— Придется снова сделать им укол, — ответил Лиллелунд. — Может быть, было бы правильнее сделать укол непосредственно перед тем, как мы отправимся на берег. Детей можно нести на руках. Так было бы намного надежнее.

— За что им все это? — раздался чей-то голос. — Что немцам от них нужно? Это же только дети! Дети!

Лиллелунд поспешно вышел. В торговом зале магазина было темно. Ни один луч света не проникал сюда с улицы. Лиллелунд сел за стол, обхватил голову руками и заплакал.

Горький опыт, полученный им в ту ночь, тем не менее пригодился в будущем. В дальнейшем это стало практикой — давать детям успокоительное, действовавшее несколько часов, до тех пор, пока они не оказывались на рыбацких судах. Помимо этого, врачи часто заклеивали лентой рты детей, чтобы они не могли кричать, если почему-либо произойдет задержка с транспортировкой.

Слухи о том, что книжный магазин Стаффелдта стал сборным пунктом для еврейских беженцев, быстро распространились по стране. В результате приток беженцев намного превысил все ожидания, так что Стаффелдту потребовались помощники.

Был предусмотрен и специальный сигнал, дававший знать, что немцев в магазине нет. Этим сигналом служил томик стихов Кая Мунка, выставленный в витрине. Была достигнута договоренность с несколькими надежными рыбаками в гавани Копенгагена. Ассоциация рыбаков убедила их согласиться с единой ценой — примерно шестьдесят американских долларов с каждого пассажира. В течение дня беженцев привозили, или они сами приходили в магазин, а ночью машина «скорой помощи» увозила их к небольшим деревянным сараям и складам поблизости

СПАСЕНИЕ ЕВРЕЕВ ДАНИИ

от доков в южной части Копенгагена. Отсюда они отправлялись в Швецию в ту же ночь, но иногда, когда усиливались немецкие патрули в зоне доков, беженцам приходилось оставаться здесь до двух-трех дней. Всякий раз, когда такое случалось, для группы Стаффелдта возникала дополнительная проблема — как накормить всех этих людей.

Но иногда случались и совершенно непредвиденные обстоятельства.

Однажды ночью к группе Стаффелдта обратилась другая подпольная группа. Они просили переправить в Швецию сорок человек. Агент этой группы привел Лиллелунда и младшего брата Стаффелдта Йоргена к пустующему летнему домику на пляже. Он сказал, что после его ухода они должны продолжать прятаться в доме ровно полчаса, а затем выйти на пляж для встречи беженцев, которых он доставит. При этом агент добавил, что очень важно точно соблюсти условленное время, так как немецкие патрули постоянно обходят пляжи. Лиллелунд и Йорген должны были явиться на назначенную встречу точно через 30 минут.

После ухода агента Лиллелунд, взглянув на свои часы, заметил, что они стоят. Он потряс часы. Безуспешно.

— Который час на твоих? — спросил он Йоргена.
— Мои часы сломались.

Йорген взглянул на запястье.

— Я забыл свои часы дома.

— Боже мой! — воскликнул Лиллелунд, — как же мы, черт возьми, будем знать, когда истекут эти тридцать минут? Давай поищем, может, в этом доме найдутся какие-то часы.

В отчаянии они шарили по дому, пока Лиллелунд не услышал крик Йоргена из кухни:

111

— Можно не волноваться!

Лиллелунд влетел в кухню и увидел Йоргена, торопливо осушающего большими глотками бутылку пива.

— Ты нашел часы? — спросил Лиллелунд.

— Нет, — ответил Йорген. Он держал навесу бутылку пива.

— Но я нашел вот это!

— Нашел время пить пиво, — взорвался Лиллелунд. — Нам нужны часы, а ты тут...

— Это как раз то, что надо, — прервал его Йорген. Он влил в себя остававшееся пиво и улыбнулся. — Ты когда-нибудь раньше видел, чтобы я пил пиво?

В этот момент Лиллелунд подумал, что и вправду никогда этого не видел.

— А знаешь почему? — продолжал Йорген. — Потому что у меня, похоже, что-то вроде аллергии на пиво. Пиво вызывает у меня нестерпимый позыв помочиться. Мы с братом однажды отметили время и установили, что это происходит ровно через полчаса после того, как я выпью бутылку. Поверь, это работает, как часы.

Лиллелунд и Йорген перешли в гостиную.

— Пора? — спросил Лиллелунд.

— Еще нет, — ответил Йорген. — Должен возникнуть неконтролируемый, непреодолимый позыв.

Несколько минут спустя Йорген вскочил на ноги.

— Пора! — воскликнул он.

Через минуту они уже бежали к назначенному месту встречи на пляже. Еще издали они завидели беженцев. После небольшой задержки, необходимой Йоргену для удовлетворения зова природы, Лиллелунд с Йоргеном доставили беженцев на судно.

Спустя несколько дней после того случая на пляже группа Стаффелдта оказалась в другой забавной ситу-

СПАСЕНИЕ ЕВРЕЕВ ДАНИИ

ации. Они договорились с владельцем большого ры-боловецкого судна о переброске четырнадцати еврей-ских беженцев в Швецию. Лиллелунд переправил их из книжного магазина в дом, находящийся в Нихав-не, суровой матросской слободе в районе копенгаген-ских доков. Когда он отправился на встречу с ка-питаном судна, чтобы уточнить последние детали, тот сказал:

— У меня два новых члена команды, и я не знаю, могу ли доверять им.

— Но ведь у вас на борту еще десять членов экипажа, — возразил Лиллелунд. — Если что, они смогут управиться с ними.

— Не в этом дело, — ответил капитан. — Я не бес-покоюсь, как с ними управиться во время поездки. Но что будет, если после возвращения они на меня донесут?

— Но вы же не можете отказаться в последнюю минуту?! Вы ставите на карту жизнь четырнадцати человек.

— Кто сказал «отказаться»?! Я не отказываюсь, — возразил капитан. — У меня другая мысль. Обычно мы берем курс на Германию. Что если вместо того, чтобы сразу брать курс на Швецию, я скажу коман-де, что мы, как обычно, направляемся в Германию. Ну а затем, когда мы уже будем на полпути, пред-положим, какая-то часть беженцев выскочит из трю-ма, как если бы они туда пробрались без моего ведома. Я могу спрятать их там до того, как члены команды появятся на борту.

— А что потом? — спросил Лиллелунд.

— Ну а потом они наставят на нас оружие, требуя доставить их в Швецию. То есть, другими словами, они как бы захватят мое судно.

113

ДАТСКИЙ УРОК

— Вы и вправду считаете, что весь этот спектакль необходим? — спросил Лиллелунд.

— Абсолютно, — ответил капитан. — Тогда в случае, если эти двое новеньких окажутся осведомителями и донесут на меня, я всегда смогу заявить, что меня заставили направиться в Швецию под страхом смерти.

— Но ведь эти евреи — мягкие интеллигентные люди, — заметил Лиллелунд. — Они ничего не понимают в оружии. Черт возьми, ведь они не знают даже, как держать пистолет.

— В таком случае вам придется их научить этому, — ответил капитан. — У нас еще целый час до отплытия. Научите их, как держать пистолет и как скомандовать: «Руки вверх!». Вам придется научить их этому быстро, поскольку я хочу, чтобы они были уже на борту до того, как прибудет моя команда.

— А если команда попытается разоружить их? — спросил Лиллелунд.

— Не волнуйтесь, — сказал капитан. — Я посвящу всю команду в то, что произойдет, так что они будут помогать. Разумеется, я посвящу в это дело всех, кроме тех двух новеньких. Согласны?

Лиллелунд колебался с минуту, а затем сказал:

— Хорошо. Если это необходимо, чтобы вы отправились в путь, пусть будет так.

Лиллелунд уже уходил, когда капитан окликнул его:

— Э-э-э, еще одна вещь. — Он наклонился к Лиллелунду и прошептал: — Проверьте, чтобы пистолеты были не заряжены. Мне бы не хотелось, чтобы эти беженцы от волнения начали стрелять в меня.

Лиллелунд бегом вернулся в магазин, получил от Стаффелдта два пистолета, вынул из них патроны и заставил двух сопротивлявшихся этому беженцев научится держать их и орать «Руки вверх!»

114

СПАСЕНИЕ ЕВРЕЕВ ДАНИИ

Судно отправилось в плавание в запланированное время, и через несколько часов похода, как было условлено, двое беженцев выбрались из трюма, где прятались. Едва капитан и команда их увидели, они тут же взметнули руки высоко в воздух, а капитан закричал: «Не стреляйте! Мы отвезем вас в Швецию, мы сделаем все, что вы хотите! Не стреляйте!» Никто из них не обратил внимания, что только после этого двое сильно волнующихся беженцев вытащили свои пистолеты и закричали: «Руки вверх!»

Спустя несколько часов все четырнадцать пассажиров были уже в безопасности в Швеции. Как оказалось, те двое новых членов команды сочувствовали беженцам и страстно желали сделать все, что было в их силах, чтобы помочь им. Так что все последующие поездки в Швецию, которые совершило это судно, обошлись без театральных представлений.

Члены группы Стаффелдта признавали, что их работа никогда не была бы столь результативной, если бы не готовность к сотрудничеству почти всех, с кем они входили в контакт. Вот хотя бы один пример. Лиллелунду поручили забрать четырех датских евреев на вокзале и привезти их в магазин. В такой операции, как эта, использование машины «скорой помощи» могло бы показаться слишком подозрительным, и Лиллелунд решил воспользоваться такси. Такси в то время были крайне редки, и когда Лиллелунд и беженцы достигли вокзала, они увидели очередь на стоянке. Наконец подъехала машина, и мужчина, стоявший первым, уже взялся за ручку двери. Водитель такси каким-то образом понял, что четверо нервничающих людей с Лиллелундом — евреи.

— Это ваше право — ехать первым, — сказал он.
— Но сдается мне, что вон у того господина в конце

115

очереди что-то случилось. Может, вы уступите ему свою очередь? Бросив взгляд на испуганных беженцев с Лиллелундом, мужчина, стоявший первым, все понял. Он распахнул дверцу такси и жестом показал Лиллелунду и его подопечным, что они могут садиться. Никто не выразил никакого протеста — наоборот, очередь согласно закивала головами.

Все без исключения члены группы Стаффелдта испытывали чувство глубокого уважения к тому, как вели себя датские евреи в момент опасности. По свидетельству Лиллелунда, все они были напуганы, но в то же время мужественны и благородны. Единственное, когда с ними было трудно, по словам Лиллелунда, когда случалось, что на одном судне не хватало места для всей группы. Тогда обычно возникали споры, кому остаться в Дании. Желающих уступить свое место на баркасе всегда оказывалось больше. В одной из таких ситуаций один из беженцев заявил Лиллелунду:

— Мне семьдесят лет. Почему я должен ехать сейчас? Я, может, умру в следующем году. А этому господину лет сорок. Пусть он едет вместо меня.

Никаких записей о том, сколько беженцев прошло через магазин Стаффелдта и было переправлено в Швецию, никто не вел. Но по примерным подсчетам, их было не менее шестисот.

В октябре 1943 г. количество беженцев, собиравшихся в магазине Стаффелдта, было так велико, что можно было подумать, что здесь помещается туристическое агентство. Дошло до того, что Стаффелдта и его брата стали раздражать покупатели. Впервые в жизни, с тех пор как он занялся книжной торговлей, Стаффелдт не хотел видеть никаких покупателей в своем магазине.

Когда его спросили, почему он помогал евреям, он ответил:

— Мне никогда не приходит в голову думать о человеке, еврей он или нет. Для меня это не имеет никакого значения. В то время я помогал людям, попавшим в беду. Я делал для евреев то же самое, что делал для летчиков союзников, саботажников и всех тех, кто вынужден был бежать в Швецию.

9

ПЕРВАЯ ПОМОЩЬ

> Я торжественно клянусь... что чисто и непорочно буду проводить свою жизнь и свое искусство... В какой бы дом я ни вошел, я войду туда для пользы больного, будучи далек от всего намеренного, неправедного и пагубного... Чтобы при лечении — а также и без лечения — я ни увидел или ни услышал касательно жизни людской из того, что не следует когда-либо разглашать, я умолчу о том, считая подобные вещи тайной...
>
> *Клятва Гиппократа*

Подпольщики из группы Моугенса Стаффелдта не ошиблись, полагая, что больницы смогут стать удобными сборными пунктами и будут помогать в транспортировке беженцев, предоставляя машины «скорой помощи» и водителей. Никто не сделал больше для евреев Дании, чем это сделали

СПАСЕНИЕ ЕВРЕЕВ ДАНИИ

датские врачи. И никакая другая больница не сделала больше, чем больница Биспебьерг в Копенгагене.

Ранним утром 9 апреля 1940 г. доктор Карл Хенри Кюстер был разбужен в своей квартире на территории больницы Биспебьерг ревом самолетов в небе. Увидев, что самолеты немецкие, он решил поначалу, что они направляются для вторжения в Норвегию. Затем увидел, что самолеты не пролетали мимо в вышине, а кружили над городом, и понял, что это его собственная страна подверглась нападением. Кюстер не испытывал ни удивления, ни возмущения — только любопытство. Отправившись в город и видя немецких солдат с автоматами на улицах, он не ощущал ни страха, ни гнева.

Однако равнодушное любопытство быстро уступило место глубокому личному отвращению. Это случилось после того, как доктор встретился с нацистами лицом к лицу. После этого он понял, что будет стараться использовать каждую возможность, чтобы мешать им.

Первая возможность представилась в начале 1942 г., когда он помог распространить обращение, подписанное шестьюдесятью четырьмя врачами больницы Биспебьерг, обещающими свое сотрудничество, если датское правительство даст гарантию, что оно не допустит преследования евреев.

Вторая возможность появилась спустя несколько недель, когда в его квартире незадолго до комендантского часа появился широкоплечий, плотный парень в куртке и кепке рабочего. Доктор Кюстер был поражен спокойным выражением его лица, несмотря на то, что куртка посетителя была пропитана кровью. Как оказалось, кровь текла из двух ран в области живота.

— Помогите мне, — сказал незнакомец. — Я ранен. Немцами.

Доктор Кюстер поспешно пригласил его в кабинет. Во время осмотра рабочий рассказал, что произошло.

— Я как раз стоял на своем наблюдательном посту, когда немецкий патруль застал нас врасплох. Наши ребята собирались взорвать фабрику. Чтоб не работала на немцев. Вот я и хотел дать им время скрыться. Встал в дверях и отказался дать им пройти. «Стреляйте, — говорю. — Но войдете вы сюда только через мой труп». Ну они и выстрелили. Два раза. В живот. Я упал и притворился убитым. Ну а они ворвались на фабрику. Как только их голоса затихли, я поднялся на ноги и вышел на улицу. Мне повезло, я сразу же схватил такси. Уже из машины я видел, как наши парни удирают. Это потому что я задержал солдат. Они не схватили ни одного из нас.

Доктор Кюстер вызвал машину «скорой помощи» и доставил парня в операционную. Он удалил две пули — одну из желудка и одну из печени — и оставил его в больнице под вымышленным именем. В истории болезни он записал, что больной госпитализирован с прободением язвы желудка, что формально даже не было неправдой. Когда раненый стал поправляться и можно было его транспортировать, доктор Кюстер, опасаясь, что гестапо может пронюхать, что саботажник находится в Биспебьерге, переправил пациента в другую больницу.

Третья, самая серьезная, возможность противодействовать немцам представилась ему 7 октября 1943 г. В тот день его неожиданно навестил Оле Сикер, один из его студентов-медиков.

— Наша группа обнаружила сорок евреев, скрывающихся в лесах к югу от Копенгагена, — сообщил

СПАСЕНИЕ ЕВРЕЕВ ДАНИИ

Сикер. — Мы договорились с водителем грузовика, что завтра ночью он заберет их и отвезет на рыбацкие суда, но в лесах довольно много немцев, и нам надо найти более безопасное место, откуда грузовик заберет людей. Не могли бы вы спрятать их здесь, в больнице, на пару часов, пока не подъедет грузовик?

— Думаю, что сумею, — ответил доктор Кюстер. — Но как вы их доставите сюда?

— Мы уже подумали об этом, — сказал Сикер. — Мы собираемся инсценировать похороны. Оденем их во все черное, дадим в руки цветы, и они будут следовать за катафалком через весь Копенгаген на кладбище, что на территории больницы.

— Но ведь кладбище маленькое, — возразил Кюстер. — Грузовик не сможет забрать беженцев там. Это было бы слишком подозрительно. Немцы, в том числе и гестаповцы, часто появляются на территории больницы. Я предлагаю запереть их в часовне при больничной церкви, и пусть они там сидят, пока за ними не приедет грузовик.

— Отлично, — согласился Сикер. — Мы направим нашу липовую похоронную процессию от передних ворот прямиком в ту часовню. Это прекрасное предложение. Завтра утром здесь будут для начала сорок еврейских беженцев.

В 8.30 утра Кюстеру позвонил озадаченный привратник:

— Только что прибыла большая группа датчан на похороны, — сообщил он.

— Ну и что в этом особенного?

— Но у нас никогда не бывает похорон в столь ранний час.

— Иногда бывает.

121

ДАТСКИЙ УРОК

— За все тридцать пять лет, что я служу привратником, у нас никогда не быдо похорон в столь ранний час, — повторил привратник.

— Но сейчас другие времена, — сказал Кюстер. — Мы живем в стране, оккупированной немцами.

— Но никто не предупреждал меня, что этим утром должны состояться похороны, — волновался сторож. — Почему я не знал об этом?

— Я забыл вам сказать, — успокоил его доктор. — Минувшей ночью мне пришлось срочно оперировать, и, должно быть, поэтому у меня все вылетело из головы. Разумеется, я собирался предупредить вас, что ожидается около сорока присутствующих на похоронах.

— Но их не сорок! — воскликнул привратник. — Их сто сорок!

— Вы не путаете?

— Я уверен!

— Ну ладно, впустите их, — распорядился доктор Кюстер и немедленно сам поспешил к воротам кладбища.

Привратник был прав. По крайней мере сто сорок «скорбящих» входили в ворота. Среди них он увидел и своего студента Оле Сикера. Доктор Кюстер присоединился к похоронной процессии и, подойдя к Оле, тихо спросил:

— Что произошло?

— Дело в том, что некоторые из моих подопечных рассказали обо всем своим знакомым, знакомые — своим знакомым, — ответил Сикер. — И вот они все здесь. Я не в состоянии отказать ни одному из них. Между тем похоронная процессия медленно миновала обсаженную деревьями аллею, ведущую к часовне.

— Вы договорились о транспортировке этих дополнительных беженцев? — спросил Кюстер.

122

СПАСЕНИЕ ЕВРЕЕВ ДАНИИ

— Нет, — ответил Сикер. — Есть только один грузовик для сорока человек.

— Может быть, получится сделать еще две ездки?

— Нет, — ответил Сикер. — Мы договорились с рыбаком только о сорока беженцах.

В это время похоронная процессия подошла к часовне, и все сто сорок беженцев вошли в нее. Прошло часа два, и на территорию больницы въехал и подкатил к часовне грузовик с закрытым брезентом кузовом. Не было ни криков, ни толчеи. Те сорок, что оказались ближе ко входу, забрались в кузов. И тут доктор Кюстер заметил на дороге приближающуюся машину гестапо.

— Что будем делать? — спросил он.

— А что можно сделать? — ответил Сикер. — Остается только надеяться, что сюда они доберутся слишком поздно, чтобы что-нибудь заметить. — Сказав это, он махнул рукой шоферу, давая ему знак, что можно отъезжать.

Когда грузовик отъехал, край брезента слегка приподнялся, высунулась машущая детская рука и звонкий голос прокричал: «До свидания! До свидания!»

Гестаповская машина пристроилась вслед грузовику. Доктор Алан Гаммелтофт, который участвовал вместе с Сикером в операции по спасению беженцев, предположил:

— Возможно, они не заметили беженцев, когда те у часовни взбирались в машину, но, скорее всего, они обратили внимание на мальчика, махавшего нам на прощание.

— Может, все-таки не заметили, — с надеждой сказал Сикер.

— Но почему тогда они едут вслед за грузовиком? — спросил доктор Гаммелтофт. — Мы не можем рис-

123

ковать. Сейчас я сяду в свою машину и врежусь в гестаповскую. Постараюсь, чтобы это выглядело как случайное столкновение.

Через минуту доктор Гаммелтофт уже начал преследование. За территорией больницы, как раз в тот момент, когда доктор был уже готов врезаться в машину гестапо, та свернула на другую дорогу.

Вернувшись благополучно в часовню, доктор Гаммелтофт застал доктора Кюстера и Оле Сикера, ломающими голову в поисках решения, что делать с той сотней беженцев, что все еще оставались в часовне. Им нельзя было там оставаться. Особенно тревожило то, что никто не мог с уверенностью сказать, как долго их придется прятать на территории больницы. Было очевидно, что на организацию их переправки в Швецию уйдет по меньшей мере день или два. В этом случае возникал вопрос, где им жить и как их накормить. Доктора решили, что больше всего места было в здании психиатрического отделения больницы. Кроме того, вероятность немецких облав в этом отделении была наименьшей. Группами по два-три человека с интервалом минимум в пять минут беженцы были переведены из часовни в здание психиатрического отделения.

На следующее утро доктору Кюстеру вновь позвонил привратник:

— Прибыли новые участники похорон.

Для доктора это было полной неожиданностью:

— Сколько их?

— Не меньше двухсот!

Доктор недоумевал: о чем только думает Сикер? Где же они смогут разместить еще две сотни беженцев? В психиатрическом отделении больше не было места. После того как новая группа беженцев

СПАСЕНИЕ ЕВРЕЕВ ДАНИИ

укрылась в часовне, доктор Кюстер обратился к старшей медицинской сестре Сийне Йенсен:

— Как вы думаете, можно ли найти место хотя бы для части этих людей у медсестер?

— Я переговорю с нашими медсестрами, — ответила Йенсен.

Вскоре она вернулась к доктору Кюстеру с огромной связкой ключей.

— Сестры согласны, — сообщила она. — Вот ключи от тридцати квартир, где они живут. Некоторые из них останутся жить в своих квартирах вместе с беженцами и будут спать на кушетках или на полу. Остальные переночуют у других медсестер.

Двести беженцев разместили в квартирах медсестер. Во второй половине того же дня появился Сикер. Он ничего не знал о вновь прибывших беженцах.

— Похоже, люди передавали из уст в уста, что больница Биспебьерг стала надежным местом, где можно спрятаться, — заключил он.

— Это значит, что можно ожидать еще и других новых беженцев.

— Я полагаю, что этого следует ожидать, — подтвердил Сикер.

В тот вечер, до наступления комендантского часа, появилась новая сотня беженцев. На этот раз доктор Кюстер больше уже не волновался. Больница Биспебьерг действительно стала надежным местом укрытия для гонимых евреев. Они могли спать в квартирах медсестер, а еду для них можно было доставлять с больничной кухни. Теперь оставалось только договорится с рыбаками об их перевозке в Швецию. Оле Сикер договорился об этом. Была установлена связь с Моугенсом Стаффелдтом и другими участниками Сопротивления.

125

Проблема транспортировки по суше была решена путем использования парка машин «скорой помощи» больницы Биспебьерг. Среди водителей, участвовавших в операции по переброске беженцев к рыбакам, больше всего сделал Йорген Кнудсен. Вместе с несколькими другими водителями Кнудсен был освобожден от обычной работы, и в дни исхода был занят только перевозкой беженцев. Другим замечательным водителем «скорой помощи» был капитан Кислинг. Он не только обеспечивал транспорт для беженцев, которых они с женой прятали на чердаке спасательной компании, где он работал, но и был связным между книжным магазином Стаффелдта и больницей Биспебьерг. Иногда он перевозил беженцев не в машине «скорой помощи», а на грузовиках своей спасательной компании и на пожарных машинах.

В течение буквально нескольких дней больница Биспебьерг стала одним из главных сборных пунктов для беженцев, где практически весь медицинский персонал участвовал в спасении жизней своих соотечественников. Медсестры предоставили сто тридцать квартир в их распоряжение, и старшей медсестре Сийне Йенсен приходилось выслушивать жалобы от своих подчиненных только тогда, когда в их квартиры посылали недостаточное, как им казалось, число беженцев. Медицинские сестры соперничали друг с другом в стремлении оказать помощь евреям.

Доктор Кюстер так описывал настрой медсестер на сотрудничество в этой операции спасения: «Весьма часто какая-нибудь пожилая фрекен, которая была бы чрезвычайно огорчена, если бы кто-то хотя бы пальцем коснулся ее старинного, красного дерева стола, теперь считала совершенно естественным, что целая семья, которую она даже не знала, занимала ее квартиру. Отец и мать, бабушка и дядя спали на диване и

СПАСЕНИЕ ЕВРЕЕВ ДАНИИ

в креслах, а четверо маленьких детишек в ее постели. Гости обычно жили в ее квартире несколько дней, а когда они уезжали, появлялись новые. Она ухаживала за ними, приносила еду и питье, доставала новую одежду и, что было особенно нужно, успокаивала их. Сама же она спала на кухне, если вообще ей удавалось поспать».

Врачи и медсестры больницы Биспебьерг не только давали приют датским евреям, но и участвовали в их перевозках к докам. Все это было сопряжено с постоянной опасностью. Немцы периодически организовывали облавы в доках. Во время таких рейдов были убиты несколько врачей и медсестер.

Йорген Кнудсен был схвачен немцами и провел несколько дней в тюрьме. Его били и пытали, но он никого не выдал. После того как его выпустили из тюрьмы, Йорген Кнудсен продолжил свою работу по спасению жизней многих других беженцев.

В одну из ночей на попечении доктора Кюстера была группа из ста пятидесяти беженцев, которых должно было взять на борт у Редвига, что находится примерно в 42 милях к югу от Копенгагена, большое рыболовецкое судно. Беженцев привезли в пятидесяти машинах такси. С берега они увидели судно, которое приняли за рыболовецкий траулер, и подали условный сигнал. В ответ с корабля ударил мощный луч прожектора, осветивший берег, и вдруг заработал пулемет. Это был немецкий морской патруль. По счастливой случайности, таксисты еще не отправились в обратный путь в Копенгаген. Они довезли беженцев до южной оконечности Зеландии, а затем к острову Мен, где доктор Кюстер договорился с другим рыболовецким судном, готовым доставить пассажиров в Швецию. В конечном счете этот вечер оказался весьма дорогостоящим. К счастью,

127

деньги в большинстве случаев не были проблемой. По мере того как люди узнавали, что больница Биспебьерга помогает в спасении евреев Дании, денежные пожертвования, как крупные, так и небольшие, стали поступать от самых разных лиц со всех концов страны. Эти деньги, которые использовались в особых случаях, таких, например, как вынужденная повторная перевозка ста пятидесяти беженцев от Редвига к острову Мен, хранились в открытой коробке из-под обуви на столе медсестры Сийне Йенсен. В этой коробке бывало от пятидесяти эре до пятидесяти тысяч крон.

Самые щедрые пожертвования поступали от самих медсестер. Несмотря на опасность, несмотря на немецкие рейды и гибель коллег, работники больницы Биспебьерг были неутомимы в своих усилиях по спасению евреев Дании. В течение октября 1943 г. свыше двух тысяч еврейских беженцев прошли через больницу Биспебьерг на своем пути к свободе, в Швецию.

Почему доктор Кюстер делал все, что мог, чтобы спасти датских евреев? На этот вопрос он ответил: «Это было естественно. Я бы помогал любой группе датчан, которая подверглась преследованиям. Когда немцы стали хватать евреев, мне это представлялось так, как если бы они стали хватать рыжих».

Почему Оле Сикер работал для спасения евреев? «Мы просто должны были это делать, — сказал он. — Мы — я имею в виду моих друзей, студентов-медиков, и себя — просто чувствовали, что мы должны были что-то предпринять в сложившейся ситуации. Нам ничего другого не оставалось, как выполнить свой долг, как мы его понимали».

А вот что говорила по этому поводу медсестра Йенсен: «Я выросла с верой в демократию и с убеждением, что необходимо быть готовой бороться, если я хочу ее сохранить. Если говорить о нашей помощи евреям, у меня не было какого-то ощущения особой ответственности за евреев. В общем-то, я никогда не обращала внимания, кто они, евреи или кто-то еще. Они были просто мои соотечественники, и им требовалась моя помощь».

Ну а Йорген Кнудсен? «Для меня никогда не имело значения, кто человек по национальности. Это был вопрос спасения людей. Я стал бы помогать любому человеку бежать от гестапо».

К концу октября немцы усилили наблюдение за больницей Биспебьерг, и спасение датских евреев стало гораздо более сложным делом. Немцы стали устраивать регулярные рейды по операционным, и если заставали хирурга, оперирующего больного еврея, то расстреливали на месте и его, и всех, кто находился рядом. Так был убит один из ближайших друзей доктора Кюстера.

В одну из ночей, когда операция спасения подходила к концу, у квартиры доктора Кюстера остановились и позвонили двое немцев в штатском. Дверь открыла его жена.

— Мы хотели бы видеть вашего мужа.

— Его нет дома.

— Когда он вернется?

— Я не знаю.

Когда фру Кюстер попыталась закрыть дверь, немцы оттолкнули ее. Они дали сигнал четырем другим, ожидавшим в подъезде. Все шестеро вошли в квартиру и устроились в гостиной, как у себя дома.

— Что вам здесь надо? — спросила фру Кюстер.

— Это не больница, это наш частный дом. Вы не имеете права вторгаться сюда.

— Мы намерены дождаться вашего мужа, — ответил один из немцев. Он показал госпоже Кюстер удостоверение. Это было удостоверение гестапо.

Немцы прождали уже несколько часов, когда в квартиру зашли двое беженцев, хотевших встретиться с доктором Кюстером. Гестаповцы наставили на них пистолеты и заставили сесть в гостиной.

— Кто эти молодые люди? — спросил один из гестаповцев.

— Это студенты-медики, — нашлась госпожа Кюстер. — Они проходят курс хирургии у моего мужа.

— Прекрасно, — заметил один из гестаповцев. — Значит, ваш муж скоро вернется домой. Вот мы его и подождем.

В дверь позвонили. Когда фру Кюстер открыла дверь, она сразу узнала в вошедшем молодого студента-медика Кейто Бакмана. Бакман участвовал вместе с доктором Кюстером в нелегальной переправке беженцев, и госпожа Кюстер знала, что за три дня до этого он едва избежал гестаповской западни.

Один из немцев обратил внимание, что на Бакмане были высокие кожаные сапоги.

— Зачем такие сапоги? — привязался он. — Что в них спрятано? Подпольная газета? Снимай-ка их, а мы посмотрим.

Бакман встал, но, вместо того чтобы начать снимать сапоги, ринулся к окну. Ему удалось распахнуть его и спрыгнуть вниз на землю. Немцы с пистолетами бросились к окну. Фру Кюстер пыталась помешать им стрелять, но один из гестаповцев схватил и держал ее за руки, а другой стрелял в убегавшего студента. Бакман был убит.

Ничего не подозревающий доктор Кюстер возвращался домой. Не дойдя нескольких метров, он услышал выстрелы. Доктор свернул в другую сторо-

СПАСЕНИЕ ЕВРЕЕВ ДАНИИ

ну и, найдя ресторан, позвонил оттуда жене. Его озадачил ее ответ:

— Доктора Кюстера нет дома. Его еще долго не будет дома.

— Понимаю, — сообразил доктор и повесил трубку.

С этого момента ему не придется разговаривать с женой почти три года, вплоть до июля 1946 г.

Когда наконец немцы поняли, что доктор Кюстер не появится в своем доме, они арестовали госпожу Кюстер и отправили в тюрьму. Ее первая еда в тюрьме состояла из денежных расписок, а также других бумаг и документов, которые могли оказаться уликой. После трех недель непрерывных допросов, в течение которых от нее не добились никаких признаний, госпожу Кюстер перевели в немецкую тюрьму в Хорсероде, откуда ее выпустили через две недели.

Получив предупреждение от жены, доктор Кюстер отправился прямо к дому своего друга Питера Хииринга, владельца хорошо известной фабрики «Чери Хииринг», находящейся за пределами Копенгагена. Он провел там, скрываясь, десять дней, а затем был тайно переправлен в Швецию. В Стокгольме Кюстер связался с посольством Великобритании. Англичане организовали его переброску в Лондон тем же путем, что и Нильса Бора, — в пустом бомбовом отсеке военного самолета «Москито».

В 1945 г. доктор Кюстер, военный врач британской армии, оказался среди первых, кто вошел в концлагерь Берген-Белзен. То, что он увидел, наглядно убедило его, как он был прав, помогая спасти жизни двух тысяч евреев Дании.

Невозможно рассказать о всех свидетельствах героических действий датских медиков по спасению своих сограждан-евреев. Доктор Стефан Лун, офталь-

131

молог, особенно помог в сборе денежных средств для беженцев. Доктор Эрик Хусфелдт, профессор медицинского факультета Копенгагенского университета, проявил мужество во многих операциях по их спасению. Делали все, что было в их силах, и датские студенты-медики. Одна из студенток доктора Хусфелдта, Маргрете Флорандер, организовала забастовку протеста студентов-медиков против немецких преследований евреев.

Больница Биспебьерг помогла наибольшему числу беженцев, но не было практически ни одной больницы в Копенгагене, которая так или иначе не приняла активного участия в операции спасения. Юлиуса Марголинского прятали в течение нескольких недель под вымышленным именем Юлиус Медсен как душевнобольного пациента в клинике эпилепсии и нервных болезней «Филадельфия» в Копенгагене. Профессор юриспруденции Стефан Гурвиц, будущий член парламента Дании, был спрятан в больнице Фредериксберга, где он находился якобы по поводу заболевания желудка неустановленной природы. Во время пребывания в этой больнице ему пришлось перенести так много болезненных процедур и анализов, что он был уже готов сдаться. К счастью, до того как Стефан решил осуществить свое намерение, с ним встретился представитель датского подполья, который смог устроить для него намного более удобное убежище в Хельсингере.

«Все медицинские работники как один включились в борьбу с антисемитизмом. Именно благодаря этому наши усилия в интересах наших соотечественников еврейского происхождения значительно облегчались, — подчеркивал доктор Кюстер. — Мы понимали, что немцы не могли арестовать всех нас».

СПАСЕНИЕ ЕВРЕЕВ ДАНИИ

Медицинское обслуживание в Дании бесплатное. За борьбу с чумой антисемитизма, которую немецкий фашизм пытался занести в Данию, датские врачи и медицинские сестры не выставляли счетов. Единственной наградой им служило удовлетворение от сознания того, что они смогли внести важный вклад в осуществление великой гуманной миссии Дании — спасение этой страной своих сограждан-евреев.

10

БУРЖУАЗНАЯ ДОМОХОЗЯЙКА

Чем больше опасность, тем выше слава.

Джон Флетчер

В Копенгагене находится знаменитый Рокфеллеровский институт, который имеет глубокие научные связи со многими больницами Дании. В 1943 г. Рокфеллеровский институт и больницы активно сотрудничали еще в одном деле — деле спасения датских евреев. Среди членов Рокфеллеровской группы одной из самых активных была Ине Хаксен, которая к тому времени была, по ее собственному выражению, «добропорядочной буржуазной домохозяйкой».

Ине Хаксен родилась в Швеции, в семье, где отец был еврей, а мать христианка. В 1927 г. она эмигри-

СПАСЕНИЕ ЕВРЕЕВ ДАНИИ

ровала в Данию, где вышла замуж за Оле Хаксена, датского инженера. Когда немцы вторглись в Данию, ей было 33 года, она была матерью троих маленьких детей. Семья жила в Орхусе, городке в 150 милях к северо-западу от Копенгагена. Муж Ине был богатым человеком, и в распоряжении семьи был большой дом, окруженный прекрасным садом, прислуга. Вся жизнь фру Хансен состояла в заботах о детях и доме. Она не интересовалась политикой и никогда не задумывалась над тем, что наполовину еврейка.

По мере того как немецкая оккупация ощущалась все больше и больше, фру Хаксен все чаще приходилось вспоминать о своих еврейских корнях. Время от времени кто-нибудь из богатых соседей отправлялся провести отпуск в Германии и возвращался с рассказами о преследованиях евреев немцами. К большому удивлению госпожи Хаксен, некоторые из рассказчиков вполне сочувственно относились к тому, что делали немцы. Время от времени госпоже Хаксен приходилось слышать, например, такое:

— Евреи сами виноваты. Они плохо себя ведут.

— Вы что-то такое знаете? — спрашивала в таких случаях госпожа Хаксен. — Вы сами это видели?

— О нет! — следовал обычно ответ. — Так нам говорили немцы. Они жалуются, что евреи всегда ведут себя плохо.

— А вы сами, лично, знаете кого-нибудь из евреев? — могла задать вопрос госпожа Хаксен.

— Нет, нам никогда не приходилось встречаться ни с кем из евреев.

— Ну так теперь вы встретили. Я — еврейка.

Ине Хаксен была еврейкой только наполовину, но ей настолько были отвратительны эти высказывания, что она ощущала потребность громко заявить о себе

135

как об еврейке. В большинстве случаев те, кто выражали свое сочувствие немецкой политике в отношении евреев, услышав от нее, что она еврейка, неизменно отрицали собственный антисемитизм, но госпожа Хаксен была твердо убеждена, что они привезли эту заразу из Германии. Самыми обидными были высказывания, когда кто-то, желая сказать ей что-то приятное, замечал: «Вам не следует опасаться немцев. Вы не похожи на еврейку. И к тому же вы ведь замужем за датчанином».

4 октября муж госпожи Хаксен рассказал ей о том, что узнал об арестах евреев. Он считал, что ей необходимо как можно быстрее уехать в Копенгаген, а оттуда в Швецию — ведь она там родилась, и он полагал, что процедура получения шведского паспорта не будет для нее сложной. Однако она не хотела следовать совету мужа. «Я ведь еврейка только наполовину», — возражала она. «Это не имеет значения, — говорил он. — Откуда нам знать, позволят ли немцы оставаться на свободе тем, кто наполовину еврей? И кроме того, ты ведь долгое время уверяла всех и каждого, что ты чистокровная еврейка. Для тебя будет безопаснее пожить пока вместе с моими родителями в Копенгагене».

Госпожа Хаксен считала, что ее муж от страха за нее потерял здравый смысл, но тем не менее поехала в Копенгаген.

В поезде она встретила своего знакомого, портного из Орхуса. По национальности господин Пусин был еврей. Он поделился с ней, что тоже направляется в Копенгаген, чтобы скрыться там, и дал ей адрес для контакта с датским подпольем. Это был адрес Оге Хермана, 65-летнего датского писателя.

По приезде в Копенгаген фру Хаксен, вместо того чтобы сразу направиться к родителям мужа, с ко-

СПАСЕНИЕ ЕВРЕЕВ ДАНИИ

торыми она никогда не чувствовала себя раскованно, позвонила знакомому психиатру. Он попросил ее, не теряя времени, приехать в его офис. Она добралась туда на трамвае и, войдя в кабинет доктора, увидела, что он крайне взволнован.

— Вы в своем уме?! — закричал он, даже позабыв поздороваться. — Как вы можете так разгуливать по улицам? Вы что, не знаете, что все евреи попрятались, а немцы рыщут по всему городу? В моей клинике уже полно евреев, которых мы оформили как наших пациентов. У нас нет больше мест, но, если вам негде больше спрятаться, я все-таки настаиваю, чтобы вы остались здесь.

— Спасибо, не беспокойтесь, — ответила госпожа Хаксен, имея в виду адрес, который ей дал портной Пусин. — У меня есть другое место, куда я могу обратиться.

— Вам надо отправиться туда немедленно!

Госпожа Хаксен уже взялась за ручку двери, но доктор остановил ее:

— Минуточку. Я хочу дать вам кое-что. — Он отпер ящик письменного стола и достал маленькую коробочку. — Это цианистый калий. Тут только одна капсула. Если немцы вас схватят, может случиться, что вы захотите принять яд. Из того, что мы недавно узнали, может статься, что лучше покончить с собой, чем столкнуться с тем, что ожидает в немецком концлагере.

Фру Хаксен положила коробочку в карман и вышла из офиса. В холле она почувствовала, что вся дрожит. Она присела на ступеньках лестницы, чтобы прийти в себя и собраться мыслями. То, что она услышала от психиатра, настолько напугало ее, что она боялась воспользоваться автобусом или такси, или

137

даже пойти пешком. В парадной она заметила прислоненный к стене велосипед. За всю свою жизнь она никогда ничего не украла, но на этот раз она почувствовала, что у нее просто нет иного выхода. Забрав велосипед, она покатила на нем по адресу, который дал ей портной Пусин, — к дому Оге Хермана.

Добравшись до места и назвав имя портного, которое послужило ей паролем, она вошла в квартиру. Первый, кого она увидела, был Пусин, но это был совершенно другой человек. Она даже и не предполагала, что он может быть так подавлен и безучастен. Пусин провел ее в гостиную, где уже находились тридцать польских евреев, бежавших в Данию.

Впоследствии фру Хаксен рассказывала: «Существует датское выражение: он выглядит, как десять евреев. Каждый из этих польских беженцев выглядел, как двадцать евреев. Я никогда за всю свою жизнь не видела ничего, столь горестного. Эти люди потеряли всякую надежду. Они просто не верили, что кто-нибудь мог захотеть помочь им. Они сидели, буквально окаменевшие, ожидая только смерти. Я готова была разреветься. Их сковал страх. Впервые в жизни я ощутила всем своим существом свое еврейство. Я хотела расцеловать их всех. Я рвалась прокричать им: «Не бойтесь! Я помогу вам!» В эти мгновения я поняла, что не уеду в Швецию. Я останусь в Дании и буду делать все, что только в моих силах, чтобы помочь моим собратьям-евреям».

Именно это она и сказала Оге Херману.

Херман откровенно признался, что в данный момент больше всего нужны были деньги. Он договорился с одним датским рыбаком о перевозке польских беженцев в Швецию, но рыбак запросил за это огромную сумму, а у этих несчастных за душой нет ни

СПАСЕНИЕ ЕВРЕЕВ ДАНИИ

гроша, сказал он. Госпожа Хаксен со своей капсулой яда и ворованным велосипедом отправилась в путь, чтобы попытаться достать деньги. Ее первая остановка была в доме родителей мужа. Зная их скупость и боясь получить отказ, она не решилась просить у них денег для беженцев. Вместо этого она сказала им, что договорилась с рыбаком, который готов переправить ее в Швецию, но хочет за это пятьсот долларов. Родители мужа дали ей деньги, и она немедленно вручила их Херману. Следующие несколько дней она провела, раскатывая на велосипеде по всему Копенгагену и собирая деньги у родственников и друзей. Теперь фру Хаксен говорила правду, то есть объясняла, что деньги нужны для отправки евреев в Швецию. Ответ на ее просьбу, практически без исключений, был быстрым и щедрым. Меньше чем за неделю необходимые деньги были собраны. Более того, она собрала на пятьсот долларов больше, чем требовалось. Вручая их Херману, фру Хаксен сказала:

— Вы можете использовать их для следующей группы беженцев.

— Никакой следующей группы уже не будет, — ответил 65-летний писатель. — Во всяком случае, для меня. Я стал совсем больным в связи со всем этим.

— А что же я буду делать с оставшимися пятьюстами долларами? — спросила госпожа Хаксен. — Да и вообще, что же мне теперь делать?! Я хочу помочь этим людям.

— Вы действительно этого хотите? — спросил Херман.

— Очень.

— Вы хорошо представляете себе, что с вами будет, если вас схватят. Лично вам не придется ждать пощады, потому что вы еврейка.

139

ДАТСКИЙ УРОК

— Я иду на это.

— Хорошо. Тогда отправляйтесь в Рокфеллеровский институт. Спросите заведующего отделом биохимии профессора Рихарда Эйге. Ему нужны помощь и деньги.

Фру Хаксен отправилась прямиком в институт и безо всяких осложнений смогла встретиться с профессором Эйге в его кабинете. После того как она объяснила цель своего прихода и показала пятьсот долларов, он, к ее изумлению, попросил ее немедленно покинуть его кабинет.

— Но почему? — только и смогла она спросить.

— Потому, дорогая фрекен, что вы ошиблись. Вы обратились не по адресу.

— Но господин Херман посоветовал мне встретиться с вами. Именно он прислал меня сюда. Он уверял меня, что вы связаны с теми, кто занимается тайной вывозкой евреев из Дании.

— Я абсолютно не понимаю даже, о чем вы говорите, — развел руками профессор Эйге. — Вы явно ошиблись, и я вынужден просить вас уйти.

Госпожа Хаксен была совершенно обескуражена. Было очевидно, что профессор Эйге ей не поверил.

— Я хочу помочь, — сопротивлялась она. — А вы не хотите дать мне такую возможность. Я сама еврейка, но я не хочу отправляться в Швецию. Я хочу остаться в Дании и работать вместе с датским подпольем. Что я могла бы сделать, чтобы убедить вас, что мне можно доверять?

Не отвечая, профессор Эйге пересек комнату и распахнул дверь, давая понять, что она должна покинуть его кабинет.

Госпожа Хаксен положила пятьсот долларов на стол профессора.

140

СПАСЕНИЕ ЕВРЕЕВ ДАНИИ

— Эти деньги не принадлежат мне, — сказала она. — Они предназначались для беженцев. Делайте с ними, что хотите. Можете использовать их для ваших биохимических исследований, если вам это нравится.

Направляясь к двери, она заметила на стене картину, в которой узнала работу своего дяди, известного художника Эрнста Голдшмидта, еврея по национальности.

Ее осенило:

— Да, кстати, вы не знаете, что случилось с моим дядей? Я пыталась связаться с ним, но он и вся его семья, похоже, исчезли.

— Ваш дядя?

— Ну да! Эрнст Голдшмидт. Художник, который нарисовал эту картину.

Эйге испытующе посмотрел на нее, потом сказал:

— Присядьте. Давайте поговорим.

Они проговорили больше часа. Эйге дотошно расспрашивал ее о подробностях жизни Голдшмидта. Он расспрашивал ее и о других родственниках. Оказалось, что он знает одного из них, ее другого дядю, химика по профессии.

— У вас настолько добрые отношения с вашим дядюшкой, что вы можете навестить его сегодня вечером? — спросил Эйге.

— Разумеется.

— Хорошо, — заметил Эйге и добавил несколько таинственно: — Быть может, вам следует побывать у него сегодня вечером.

Госпожа Хаксен покинула кабинет профессора Эйге в оптимистичном настроении. Во всяком случае, профессор не сделал попытки вернуть пятьсот долларов, которые она оставила на его столе.

Она зашла в ресторан, позвонила дяде, и они договорились пообедать в его доме в этот же вечер.

141

Едва они принялись за еду, как в дверь постучали. Появился профессор Эйге. Он пришел проверить, правду ли ему рассказала фру Хаксен. Все вместе они провели время за кофе, и с того вечера Хаксен стала членом подпольной группы профессора Эйге. Этой работе она отдавала все свое время.

Она узнала, что у профессора Эйге семеро детей, что поначалу он, как и многие в Дании, держался в стороне от датского Сопротивления. Перелом произошел, когда начались преследования евреев. Получив тревожное сообщение от доктора Пауля Аструпа, коллеги профессора Эйге, о немецких облавах, семья Эйге предоставила свою большую квартиру на нижнем этаже Рокфеллеровского института в распоряжение преследуемых. Слухи о гостеприимстве профессора Эйге и его жены распространялись с неимоверной быстротой. За какие-то несколько дней семейство приняло более сотни «гостей».

Рихард Эйге уговорил своих коллег в больнице при институте разрешить некоторым из беженцев остаться там под видом врачей, медсестер и пациентов. По мере того как количество беженцев продолжало увеличиваться, потребовалось привлечь к оказанию им помощи и другие больницы.

Поначалу профессор Эйге не имел никакого представления о том, что ему делать со всем этим потоком беженцев, но, к счастью, доктор Аструп свел его с несколькими рыбаками, которые согласились перевезти беженцев в Швецию. Вскоре профессор Эйге обнаружил, что его новая сфера деятельности едва оставляла, а точнее, совсем не оставляла ему времени для научной работы.

Большинство состоятельных еврейских беженцев сумели добраться до Швеции уже в первые дни исхода. Профессор Эйге и его жена сосредоточили свои усилия на помощи тем, у кого денег или не было вообще, или их средства были крайне малы.

Известно, что во всем мире больше всего детей бывает в самых бедных семьях, и в этом отношении датские евреи не были исключением. Семьям с шестью или семью отпрысками требовались значительные суммы денег, чтобы заплатить рыбакам, даже тогда, когда стоимость перевозки была уменьшена до единой цены — 60 долларов за одного пассажира. Сбор денег для таких беженцев составлял значительную часть того, что приходилось делать супругам Эйге. К счастью, более состоятельные датские евреи были готовы пожертвовать крупные суммы, чтобы помочь своим нуждающимся собратьям.

Помимо этого, многие состоятельные датчане-неевреи делали щедрые пожертвования. Профессор Эйге и его жена внесли свои собственные сбережения, и так же поступили многие их коллеги. Велся строгий учет поступающих и расходуемых денег. Велся также поименный учет беженцев, все еще скрывающихся в тайных убежищах, с указанием мест, где они находятся, а также учет тех, кого благополучно перевезли в Швецию. Из опасения, что эти записи могли попасть в руки немцев, они делались специальным кодом, в основу которого была положена биохимическая формула, расшифровать которую мог только профессор Эйге.

Вести учет денег было нелегко еще и потому, что их поступление носило зачастую спонтанный характер. Были анонимные дарители, было, например, и два случая, когда совершенно незнакомые люди, прямо на улице, вручали большие суммы денег госпоже Эйге.

ДАТСКИЙ УРОК

Фру Эйге вспоминает, как шла по улице Жюлиан Мари. Неожиданно к ней приблизился неизвестный и спросил: «Вы госпожа Эйге?»

Она кивнула, незнакомец вынул из кармана пакет, передал ей и, сказав, что в нем две тысячи долларов, скрылся из виду раньше, чем она успела что-либо понять. Зайдя за велосипедную стоянку, она пересчитала деньги и спрятала их под резинкой чулка. Она снова вышла на улицу Жюлиан Мари, но через несколько минут ее остановил другой незнакомец:

— Вы жена профессора Эйге, не так ли?

— Да, — ответила она и поймала себя на мысли, что ждет еще одного анонимного пожертвования. Но, как оказалось, молодой человек не собирался давать ей деньги. Напротив, он в них нуждался. Ему были необходимы две тысячи, чтобы помочь датским евреям выбраться из страны. Не могла бы она помочь? Госпожа Эйге чувствовала, что молодой человек говорит правду. Она попросила его на минутку отвернуться, подняла подол юбки и вытащила деньги из чулка.

— Все в порядке. Можете повернуться, — сказала она, вручая незнакомцу деньги.

С четой Эйге ради спасения евреев работали многие ученые Дании. Особенно деятельны были доктор П. Аструп и профессора Брандт Ребер и Линдерштрем-Ланг из Рокфеллеровского института. Другими членами этой группы были два датских еврея: Анне-Мария Гленнер, о которой уже говорилось выше, и Давид Сомполинский, студент ветеринарного факультета и ортодоксальный еврей. Будучи евреями, они, как и фру Хаксен, подвергались многократно большему риску, но работали с профессором Эйге в группе по спасению евреев до тех пор, пока

144

возросшая опасность не привела к абсолютной необходимости их переброски в Швецию.

Сомполинский в основном работал с подпольной
группой, созданной им самим в Лунбю, пригороде
Копенгагена, но он также выполнял очень большую
работу и в группе профессора Эйге. Ему удалось
каким-то образом раздобыть голубую форму гражданской полиции. В ней он свободно передвигался
по всему Копенгагену после комендантского часа,
отыскивая евреев, перевозя их в тайные убежища,
доставляя к рыбацким судам.

В течение октября каждую ночь Сомполинскому
не удавалось поспать более двух часов. Но еще более удивительным было то, что он отказывался есть
некошерную еду. Эти добровольные посты Сомполинского очень беспокоили его товарищей по подполью. В конце концов госпожа Оге Бертелсен, жена
руководителя подпольной группы, организованной в
Лунбю, создала специальный кошерный концентрат,
состоящий в основном из яичных желтков и сухого
красного вина. Этот концентрат и стал для Сомполинского основным продуктом питания на все время его
подпольной деятельности.

Сомполинский соблюдал и другие законы иуда-
изма, в том числе закон, касающийся запрета на
бритье. Это стало причиной серьезных разногласий
между ним и профессором Эйге, что, помимо прочего, привело к его отстранению от подпольной
работы. Работая с группой профессора Эйге, Сомполинский стал отращивать бороду. В 1943 г. датская богема еще не была бородатой; бороды вообще носили только ортодоксальные евреи. Если учесть,
что он разгуливал в форме датского полицейского,
то опасность, которой подвергался он сам и которой
подвергал всю группу, трудно было переоценить. «Мо-

ДАТСКИЙ УРОК

лодой человек, вы осознаете, как вы выглядите?! — горячась, говорил ему профессор Эйге. — Ваше лицо создает опасность как для вас самого, так и для тех, кто вас окружает. Немедленно сбрейте бороду!».

Сомполинский отказался, и Эйге пожаловался Оге Бертелсену, который был руководителем Сомполинского в группе Луннбю. Эйге потребовал, чтобы Бертелсен немедленно отправил Сомполинского в Швецию. Но Бертелсен отказался на том основании, что его группа не могла действовать без Сомполинского. Он решил сам уладить дело.

После длительных уговоров Самолинский наконец сказал:

— Ладно. Правда, есть одно «но». Я должен пойти домой и взять свою бритву.

— Ни в коем случае! Вы не выйдите из этого дома, пока не побреетесь! Так что отправляйтесь в ванную комнату и сбрейте бороду. Вы найдете там мою бритву и все остальное, что для этого требуется.

— Спасибо большое, но, к сожалению, это невозможно.

— Что вы имеете в виду?

— Я не могу использовать вашу бритву.

— Но почему? Может быть, она так же хороша, как и ваша.

— Не в этом дело.

— Что за дьявольщина? Чем вам не подходит моя бритва?

— Мне не разрешается использовать такого рода вещь, — сказал Сомполинский. — Моисей повелел не брить бороду, а только стричь ее. Вы можете посмотреть на меня и убедиться в этом сами.

Бертелсен потерял всякое терпение:

— Глупости! — возмутился он. — Вы обычно очень даже неплохо выбриты.

146

Сомполинский сказал, что он использовал именно электрическую бритву.

— Ради всего святого! — воскликнул Бертелсен. — Выходит, что вы все же бреетесь.

— Нет. Электрическая бритва не бреет, она просто стрижет бороду.

С большими трудностями удалось наконец отыскать электрическую бритву, похоже, единственную в Луннбю, и Сомполинский смог постричь свою бороду и продолжать носить полицейскую форму, не вызывая подозрений своим видом. Конечно, главное было не в форме, а в том, что он продолжил свою работу в подполье.

Ине Хаксен занималась не только сбором денег, но и была связной. Она устанавливала контакты с прячущимися евреями, сопровождала их в Рокфеллеровский институт, а позднее в специальную комнату одного из ресторанов, где уже другие агенты профессора Эйге забирали их для доставки в копенгагенские доки. Она никогда не знала имен беженцев, которых ей предстояло забрать. Это было мерой предосторожности на случай, если ее арестует гестапо.

Во время одной из таких курьерских миссий эта секретность привела к несколько неожиданному результату. Хаксен получила задание отправиться на виллу в западной части Копенгагена, где скрывались две сестры, молодые еврейские женщины, и привезти их в квартиру профессора Эйге в Рокфеллеровском институте. Когда она добралась до виллы, ее ждал сюрприз: сестры оказались ее старыми школьными подругами. Как и она, сестры были удивлены и очень обрадованы этой встречей.

— Как это замечательно, что ты в Копенгагене, — заметила одна из сестер. — Заходи, попьем чаю.

Прошло полчаса. Они пили чай, болтали и сплетничали. Но вскоре госпожа Хаксен заметила, что сестры начали нервничать.

— Что-то случилось? — спросила она.

Одна из сестер посмотрела на часы.

— Да, — сказала она. — Дело в том, что мы ждем связного, который должен забрать нас... Дело в том, что мы собираемся в Швецию. Наш побег уже подготовлен... Связной должен был прийти полчаса назад, как раз когда пришла ты. Будем надеяться, ничего плохого не случилось.

— О боже! Увидев вас, я совершенно забыла, зачем сюда пришла. Ведь я же и есть тот связной, которого вы ждете!

К концу второй недели октября поток беженцев настолько возрос, что профессор Эйге боялся не справиться. Он решил узнать планы немцев по поводу тех, кто был лишь наполовину евреем. Если на них не распространяется угроза немедленного ареста, то с их переправкой в Швецию можно было повременить. На встрече руководителей подполья госпожа Хаксен сказала, что, возможно, сможет получить необходимые сведения. Дело в том, что много лет назад ее семья приняла участие в судьбе молодого датчанина, который был болен и не имел за душой ни гроша. Его вылечили и поставили на ноги. Этот человек стал одним из ведущих датских нацистов, правой рукой Вернера Беста. Она не видела его десять лет, но предполагала, что в знак признательности он согласиться сказать ей о намерениях немцев, она ведь сама была полукровкой.

Фру Хаксен позвонила этому датчанину на следующий день, и он согласился увидеться с ней у себя дома.

148

СПАСЕНИЕ ЕВРЕЕВ ДАНИИ

Он принял ее как нельзя более дружески и, похоже, был искренне рад встрече. Она тоже старалась держаться дружески, несмотря на все свое отвращение к его нацистской форме.

— Я пришла, чтобы попросить вас об одном одолжении, — сказала она. — Должна сказать вам, что я наполовину еврейка и хочу знать, что намерены делать немцы с такими, как я.

— Я не знал этого, — сказал он, и тень неудовольствия пробежала по его лицу. — По правде сказать, я не знаю ответа на ваш вопрос. Но я могу спросить об этом доктора Беста завтра. Как я смогу сообщить вам его ответ? Где вы сейчас живете?

— Извините меня, но я не могу вам этого сказать.

Снова тень пробежала по его лицу.

— Почему не можете?

— Я не хочу подвергать риску людей, у которых живу, — ответила госпожа Хаксен.

Он вспыхнул:

— Вы что же, мне не доверяете?

— Это не вопрос доверия. Я просто не имею права назвать вам имена людей, которые меня прячут.

— Но, допустим, завтра я получу ответ от доктора Беста. Как вы предлагаете передать его вам?

— Оставьте для меня записку в газетном киоске на Центральном вокзале. Там многие оставляют записки. Ничего особенного в этом не будет.

— Мне не нравится эта идея, — сказал он. — Мне кажется, было бы лучше, если бы мы встретились снова здесь.

— Но я полуеврейка, — напомнила госпожа Хаксен, — встреча с такими, как я, может быть для вас рискованной.

— Я готов пойти на риск, — сказал он.

149

ДАТСКИЙ УРОК

— Нет, — твердо возразила госпожа Хаксен. — Если вы действительно хотите помочь мне, вы оставите записку для меня в газетном киоске.

Нацист был в бешенстве. Фру Хаксен это поняла по вздувшейся у него на лбу вене. Его гнев напугал ее.

— Это оттого, что вы мне не доверяете — закричал он. — Но это невыносимо! Вы знаете, как я всегда относился к вам и вашей семье. Вы думаете, я могу когда-нибудь забыть, что вы сделали для меня?! А вы не доверяете мне. Вы считаете это справедливым?

Идея обращения к нацисту за помощью внезапно представилась фру Хаксен такой отвратительной, что, несмотря на его гнев, она холодно ответила:

— Как я могу довериться врагу?

Он побледнел.

Госпожа Хаксен не хотела продолжать, но уже не могла остановиться.

— Вы отвратительны мне в этой вашей нацистской форме. Как вы могли связаться со всей этой мерзостью? Можете ли вы покончить с этим?

Потом она вспоминала, что никогда не видела человека, который бы так мгновенно побледнел. Воцарилось молчание. Когда он наконец заговорил, его голос сорвался до визга.

— Слишком поздно.

— Вы даже не в лагере победителей, — сказала она. — Вы же понимаете, что союзники побеждают.

— Слишком поздно, — повторил он.

Она молча вышла из комнаты.

Покидая эту квартиру, она испытывала ненависть к своему бывшему знакомому, она ненавидела его даже больше, чем немцев. Ей оставалось лишь сожалеть о том, что с ним произошло.

150

СПАСЕНИЕ ЕВРЕЕВ ДАНИИ

Спустя дня два она решила отправиться к киоску на Центральном вокзале. Подходя, она вдруг подумала, что ее бывший знакомый, возможно, уже донес на нее, и где-то рядом ее поджидает гестапо. Однако она решила рискнуть. Наклонившись к окну газетного киоска, она назвала себя и спросила, нет ли для нее записки. Продавец протянул ей конверт. Она поблагодарила и быстро пошла прочь, стараясь казаться хладнокровной. Убедившись, что никто ее не преследовал, она развернула записку, прочитала содержание и порвала на мелкие клочки. В записке было сказано, что в данное время немцы не намерены арестовывать полукровок.

Эта информация позволила профессору Эйге сконцентрировать все усилия на отправке в Швецию евреев. К концу октября он и его жена организовали благополучную переправку в Швецию свыше тысячи человек.

Почему же все-таки семья профессора Эйге помогала евреям?

«Это было абсолютно так же, как если бы загорелся дом соседа, — сказал профессор Эйге. — Естественно, вы захотели бы помочь. Я никогда не думал об опасности. Понимаете, я всегда был оптимистом и потому никогда не допускал, что со мной может случиться что-то действительно очень плохое. Был только один случай, когда, как мне кажется, я все-таки ощутил близость опасности. Это был день, когда мы были вынуждены покинуть квартиру в Рокфеллеровском институте и спрятаться в другом месте под вымышленными именами. Мы были дома вместе со всеми детьми. Вдруг раздался ужасный грохот в дверь. Это могло означать только одно — гестапо. Мы с женой и детьми бросились к двери,

151

которая вела в мою лабораторию. Там мы могли надежно спрятаться. Немцы ворвались в квартиру, но нас уже там не было. Они ушли через полчаса, и нам удалось благополучно выбраться из института».

Фру Эйге дополнила рассказ мужа так: «Мы помогали евреям с сознанием того, что на этот раз мы делали что-то, что действительно стоило делать по самым высоким меркам. Было много разговоров о том, как благодарны должны быть евреи своим согражданам датчанам, но я убеждена, что датчане в равной степени должны быть благодарны евреям за предоставленную возможность совершить нечто благородное. Это было страшное время, но, должна признаться, это было и замечательное время, в определенном смысле даже счастливое время. Да! Я не думаю, что мы когда-либо до этого были более счастливы. Наши действия давали нам особое чувство единства. Мы все были вместе».

11

ГРУППА В ЛУННБЮ

> Но в истории всегда и неизбежно наступает такой час, когда того, кто смеет сказать, что дважды два — четыре, карают смертью. Учитель это прекрасно знает. И вопрос не в том, чтобы знать, какую кару или какую награду влечет за собой это рассуждение. Вопрос в том, чтобы знать, составляют или нет дважды два — четыре.*
>
> *Альбер Камю*

Из-за высокой концентрации гестапо и солдат Вермахта в Копенгагене многие евреи считали, что безопаснее пытаться бежать в Швецию не из столицы, а из небольших городков на восточном

---

* Перевод Н. Жарковой.

побережье. Во многих случаях члены датского Сопротивления сами рекомендовали им поступать именно так. Для помощи этой категории еврейских беженцев в отдаленных прибрежных пунктах были организованы несколько групп спасения. Одна из них находилась в пригороде Копенгагена и называлась Луннбю.

Руководителем этой группы стал школьный учитель Оге Бертелсен, но ее создателем был Давид Сомполинский. С началом немецких рейдов Давид обратился к директору и учителям своей бывшей средней школы, прося у них помощи спрятать группу еврейских беженцев. И директор школы, и учителя немедленно согласились помочь. Так возникла группа в Луннбю.

Во время первой недели октября дом Бертелсена № 33А по улице Будинг в Луннбю стал известен в кругах подполья как «дом с голубыми занавесками». К этому дому и от него непрерывно подъезжали и отъезжали автомобили и велосипеды, а в самом доме круглые сутки звонил телефон. Со смелостью, порожденной наивностью и неопытностью, Бертелсен хотел, чтобы как можно больше евреев узнали о его желании им помочь. «Нашим желанием было довести до всеобщего сведения, что здесь работало туристическое агентство, открытое круглосуточно для всех, кто горел желанием провести отпуск в Швеции. Мы вполне сознавали рискованность всего предприятия, но верили, что, пока немцы сообразят, что к чему, и прихлопнут наше агентство, мы успеем завершить то полезное дело, которое задумали».

Тем не менее, говоря по телефону, Бертелсен и его жена старались соблюдать определенную осторожность. Они никогда не упоминали евреев, а вместо этого говорили о количестве книг, ящиков с пивом «Карлсберг» и «Туборг» или о билетах в кино. Оставив в октябре работу в школе, Бертелсен отправил двух своих детей к друзьям, а сам с женой целиком отдался делу спасения евреев. Были установлены связи с рыбаками в Хорнбеке и Смитструпе. Доставку к судам осуществляли обычно на такси; одним из постоянных помощников Бертелсена был человек по имени Кьелдсен. Бертелсен встретился с ним случайно в первую неделю октября, когда объезжал друзей и знакомых в Копенгагене, собирая деньги на беженцев. Кьелдсен предупредил, что его рабочий день кончается через сорок пять минут. Бертелсен кивнул и сел в такси. Прошло полчаса, в течение которых они побывали в нескольких местах. Наконец Бертелсен назвал свой конечный пункт — Луннбю.

Кьелдсен разозлился.

— Исключено! — сказал он. — Вам придется взять другое такси. Я же предупредил вас. У нас осталось пятнадцать минут, и вы, черт возьми, должны понимать, что я не могу успеть в Луннбю и обратно за это время.

— Но это вопрос жизни многих людей, — сказал Бертелсен.

Шофер взглянул на него.

— Так бы сразу и сказали, — усмехнулся он. — Теперь я все понимаю. Можете рассчитывать на меня и днем, и ночью! Я мало что знаю о евреях, но это против моей веры и моих моральных принципов — охотиться на людей, как охотятся на крыс.

Помимо жены, Сомполинского и Кьелдсена у Бертелсена было много других помощников. В их число входили довольно много учителей, несколько врачей, владелец отеля, сапожник и гимнаст, работавший в цирке. Одной из наиболее колоритных фигур был мексиканец, владелец шхуны, обычно перевозившей траппы.* Во время гражданской войны в Испании этот мексиканец совершал чартерные рейсы то для фашистов, то для республиканцев, в зависимости от того, кто больше платил. Желая заработать, он посчитал, что евреи, весьма вероятно, окажутся более выгодным грузом, чем траппы, и предложил свои услуги луннбюйской группе. Несмотря на такой свой коммерческий подход, он не был рвачом и запрашивал приемлемую цену. Так, однажды он перевез на своем корабле большую группу из двухсот тридцати беженцев, установив плату менее ста долларов с пассажира.

Группа в Луннбю действовала на протяжении почти всего октября. Работа группы неожиданно прекратилась вечером 28 октября в результате доноса датского провокатора Хеннига, приговоренного после войны датским судом к пожизненному тюремному заключению. Выдав себя за саботажника, стремящегося попасть в Швецию, Хенниг договорился с группой Луннбю о транспортировке через пролив. В ночь отплытия, непосредственно перед тем как подняться на борт судна, он просигналил карманным фонариком гестаповцам, спрятавшимся неподалеку. Немцы открыли огонь. Судну удалось уйти, и все его пассажиры благополучно добрались до Швеции. Каким-то чудом члены группы, участвующие в операции, также смогли бежать от гестапо. Но все они были теперь известны и должны были скрыться.

---

* Магматические горные породы (диабаз, габбродиабаз, габбро, долерит и базальты).

156

Бертелсен и его жена перешли на нелегальное положение. Мысленно они не раз возвращались к событиям минувшего месяца, и оба были согласны в том, что, несмотря на опасность, которую таило для них будущее, они благодарны судьбе за то, что им довелось сделать. «Такое чувство, словно мы никогда раньше не сознавали, что значит жить», — сказала госпожа Бертелсен.

Такие же чувства испытывали и два помощника ее мужа. Как-то после успешной операции гинеколог Странбюгор сказал Бертелсену: «Странно. Вы не находите? Очень интересное чувство. Все равно как вновь пережить непередаваемое, огромное счастье первой любви».

Нечто подобное говорил и цирковой гимнаст Ларкинг.

— Вы знаете, что я чувствую, Бертелсен?

— Может быть. Но все-таки скажите.

— Я чувствую... Черт возьми, это трудно выразить... Мне хочется упасть на колени и излить душу словами глубокой благодарности.

6 ноября госпожа Бертелсен возвратилась домой в Луннбю. Спустя три дня немцы арестовали ее и держали в качестве заложницы, пытаясь схватить ее мужа.

На требования немцев сообщить, где находится муж, госпожа Бертелсен отвечала, что не имеет ни малейшего понятия, где он в данный момент скрывается. Это было правдой. Подполье переправило его в Швецию, но госпожа Бертелсен этого не знала. Несмотря на шантаж и угрозы расправиться с их детьми, она отказалась давать какие-либо показания о своих помощниках.

Когда стало очевидно, что от госпожи Бертелсен ничего не добьешься, немцы выпустили ее, взяв подписку, что она не будет принимать участия в каких-либо акциях, направленных против Германии. Это произошло 18 ноября. Перед тем как ее выпустить, немцы допрашивали ее о евреях.

— Нам известно, что вы помогали евреям бежать в Швецию. Это правда?

— Да, помогала, — спокойно ответила она. — Как все нормальные люди.

— А почему именно вы помогали евреям? Вы хотели заработать на этом?

— Ни в коем случае. Только из сочувствия несчастным, преследуемым людям, которые доверили нам свои жизни и судьбы, — ответила она.

12

КЛУБ ПОРТНЫХ-ЛЮБИТЕЛЕЙ ХЕЛЬСИНГЕРА

> Только хорошие люди способны всем сердцем любить свободу.
>
> *Джон Мильтон*

Извилистая дорога по побережью от Копенгагена до Хельсингера, пожалуй, самая приятная для путешественника в Дании. Он наслаждается прекрасной панорамой, видит красивейшую архитектуру, минует радующие глаз рощи гладкоствольных, с глянцевыми листьями буковых деревьев. В этих местах особенно красиво в октябре, когда листва меняет свой цвет. Но сотням датских евреев, которым пришлось проезжать через эти живописные места в 1943 г., было не до эстетических восторгов.

ДАТСКИЙ УРОК

Хельсингер (Эльсинор) — один из живописных городков, где разворачивается действие шекспировского «Гамлета». Во времена Второй мировой войны Хельсингер прославился еще и по другой причине. Город стал местом, где действовала одна из самых активных подпольных групп Дании.

Как и многие другие подпольные группы в стране, группа в Хельсингере возникла как прямое следствие предпринятой немцами попытки уничтожения евреев Дании. Все пять лидеров хельсингерской группы — репортер, переплетчик, агент сыскной полиции, бухгалтер и врач — были законопослушными гражданами в первые годы немецкой оккупации.

В день немецкого вторжения Борге Ронен, корреспондент копенгагенской газеты *Berlingske Tidende* в Хельсингере, был разбужен рано утром телефонным звонком одного из своих коллег:

— Что ты скажешь об этих немецких самолетах?

Полусонный Ронен не понял.

— Какие еще немецкие самолеты?

— Выгляни в окно. На нас напала Германия.

Ронен сразу проснулся. Этого он не ожидал. В то же время он не был сильно обеспокоен. Он никогда не интересовался политикой. Его занимали другие заботы — как содержать жену и дочь. Поэтому в первые три года оккупации он продолжал спокойно работать, сменил *Berlingske Tidende* на лучше оплачиваемую работу в *Frederiksborg Amits Avis* и сконцентрировался на своей карьере репортера местных новостей.

Эрлинга Киера, переплетчика, не требовалось будить телефонным звонком в день, когда Германия вторглась в его страну. Он был разбужен ревом самолетов. Когда он выглянул из окна и увидел летящие

160

СПАСЕНИЕ ЕВРЕЕВ ДАНИИ

немецкие бомбардировщики, он не был особенно ни удивлен, ни обеспокоен. На самом деле он ожидал их появления, считая, что трусливая позиция слабого датского правительства была равносильна открытому приглашению Германии захватить страну. Он вернулся в постель и прекрасно проспал до семи часов. Затем он встал, оделся и направился на велосипеде в центр Хельсингера, где известие о том, что Дания капитулировала, потеряв тринадцать человек убитыми, повергло его в уныние. По его мнению, было бы более почетно, если бы Дания потеряла сто тысяч человек. Тем не менее, считая себя человеком, легко приспосабливающимся к новым ситуациям, он не испытывал никаких трудностей и продолжал спокойно жить, несмотря на присутствие немецких оккупантов.

Точно так же жили и служащий сыскной полиции Томод Ларсен, бухгалтер Ове Брун и врач Йорген Герсфелт. Так продолжалось первые три года войны.

В один из дней, когда немцы объявили о своем так называемом «окончательном решении еврейского вопроса» в Дании, Борге Ронен оказался у дома своего приятеля в Хельсингере и обратил внимание на группу людей, которые высадились из двух такси и побежали в гараж, примыкающий к дому. Это показалось ему странным, он зашел к приятелю и рассказал, о том, что увидел.

«Да это евреи, которые пытаются перебраться в Швецию. Ты разве не знаешь, что немцы устраивают облавы на них по всей Дании?» — сказал приятель.

Так, впервые, Ронен услышал о преследовании евреев в Дании. Без всяких колебаний он решил, что будет делать все, что в его силах, чтобы помочь в переправке этих людей в Швецию.

Спустя несколько часов он случайно встретил своего знакомого Эрлинга Киера. Киер был глубоко рас-

161

строен тем, что случилось накануне ночью в его квартале, когда немецкие солдаты начали беспорядочно стрелять в открытые окна домов датчан. Это было, по словам Киера, сделано в отместку за то, что датчане, живущие в этом районе, обрили головы девицам, якшавшимся с немецкими солдатами.

— Мы должны что-то предпринять. Нельзя допускать, чтобы немцы вели себя здесь, как хозяева, — сказал Киер.

Ронен пересказал Киеру услышанную им новость об облавах на евреев.

— Как ты относишься к тому, чтобы помочь евреям добраться до Швеции? — спросил Ронен.

Киер с энтузиазмом поддержал идею.

— Да, — согласился он. — Это отличный способ насолить немцам.

— К тому же это будет очень по-человечески: помочь нашим соотечественникам-евреям, — заключил Ронен.

— Этого ты мне не говори! — резко оборвал Киер. — Мне дела нет до евреев. Меня интересует только, что я могу сделать, чтобы доставить немцам неприятности. Посмотреть, сколько раз мы сможем оставить их в дураках, — вот это будет замечательно!

Эта встреча стала началом хельсингерской группы. Ронен и Киер, сознавая, что им нужны помощники, установили связь с Томодом Ларсеном. Они понимали, что Ларсен был бы особенно ценен для них, поскольку, будучи служащим полиции, он имел доступ к секретным документам о беженцах, подпольных группах и — что еще более важно — знал о размещении в Хельсингере и пригородах контингентов немецких войск.

Для дополнительной помощи Ларсен привлек Ове Бруна. Были установлены связи с рыбаками, и те со-

СПАСЕНИЕ ЕВРЕЕВ ДАНИИ

гласились помочь при условии, что будет что-то сделано, чтобы дети не плакали и не кричали во время пути. Поэтому Ронен и Киер обратились к Йоргену Герсфелту, врачу, работавшему в рыбацком поселке Снеккерстен. Доктор Герсфелт согласился помогать им. Таким образом, возникло ядро группы спасения. Для конспирации они назвали себя «Клуб портных-любителей Хельсингера».

Поначалу «Клуб портных» занимался исключительно подысканием безопасных мест, где можно было спрятать евреев, и организацией их доставки к рыбацким судам. Владелец небольшой гостиницы в Снеккерстене Томсон оказал группе большую помощь, предложив свою гостиницу как тайное укрытие. Кроме того, он договорился о размещении евреев в близлежащих частных домах и пустующих летних домиках.

В день отправки первой партии беженцев в Швецию доктор Герсфелт очень волновался. Дело в том, что его опыт использования снотворных был крайне мал, к тому же в группе были грудные дети, и он опасался последствий уколов. Кроме того, он никак не мог выбрать снотворное — каждое из них имело свои побочные действия. В конце концов он остановился на люминале. Детям были сделаны уколы, рыбацкое судно отправилось в Швецию, а доктор Герсфелт оставался в муках неведения до тех пор, пока не пришло подтверждение, что люминал оказался эффективным средством, без опасного последействия. С того дня доктор Герсфелт чувствовал себя значительно более уверенным и с легкой душой делал необходимые уколы.

Доктор Герсфелт добровольно помогал «Клубу» не только как врач, но и как шофер. Будучи врачом, он имел право на дополнительное количество лимитированного в то время бензина. На своей компактной английской машине он перевозил в основном детей и стариков. Ему редко приходилось встречаться с немецкими патрулями, потому что он избегал главных магистралей и ездил по проселочным дорогам, которые было сложно контролировать. Если его окликали, он не останавливался, зная, что при той скорости, на которой он ехал, номер его машины все равно не удастся разглядеть. К тому же он всегда был хорошо заляпан грязью.

Вдобавок к своей работе врача и шофера доктор Герсфелт помог «Клубу», передав ключи от принадлежавших его друзьям летних домиков в Снеккерстене. Эти ключи хранились у него, поскольку зимой он обычно присматривал за ними. Зная наверняка, что друзья не станут возражать против его решения приютить в них беженцев, он даже не спросил на то разрешение. Когда исход завершился, он рассказал друзьям, как поступил с их домами, и ни один из них не выразил неудовольствия.

Хельсингер представлялся идеальным пунктом, откуда беженцы могли добраться до Швеции, так как пролив, разделяющий Данию и Швецию, имеет здесь ширину всего 4 км. Вследствие этого Хельсингер стал самым признанным местом отправки беженцев. Однако, по мере того как их количество в городе все прибывало и прибывало, становилось все труднее организовывать транспортировку. Из-за узости пролива немецким кораблям было сравнительно легко осуществлять патрулирование в этой зоне, и потому смельчаков, готовых идти на риск, не хватало.

Чтобы справиться с внезапным приливом беженцев, хельсингерский «Клуб» разработал схему, по-

СПАСЕНИЕ ЕВРЕЕВ ДАНИИ

зволяющую осуществлять переброску евреев в Швецию не только на рыбацких судах. В Хельсингере находилась важная морская паромная переправа для немецких железнодорожных составов, которые курсировали между Данией и Швецией. Составы, идущие из Швеции, везли железную руду и другое важное сырье, но те, что направлялись в Швецию, шли обычно порожними. Порожние вагоны этих составов были всегда заперты, но времени, которое поезда стояли в Хельсингере в ожидании погрузки на паромы, хватало датским подпольщикам, чтобы открыть вагоны и незаметно посадить в них беженцев. По прибытии в Швецию беженцам должно было быть предоставлено убежище шведскими властями. Поскольку эти власти недавно выразили свое сочувственное отношение к беженцам, все надеялись, что уникальный способ их транспортировки будет сохраняться шведской стороной в секрете.

Так оно и было на протяжении нескольких недель, пока какая-то шведская газета не разболтала тайну в длинной, с подробностями, статье, после чего гестаповцы стали посылать специальную охрану со всеми порожними составами, направляющимися в Швецию. От этого способа пришлось отказаться, и «Клуб» вынужден был снова обратиться к рыбакам.

Постепенно работа хельсингерской группы все более и более усложнялась. Задержки с отправкой в Швецию угнетающе действовали на моральное состояние беженцев. В один из вечеров две группы датских евреев, одна из Снеккерстена, а другая из Эспергеде, должны были встретиться в лесу, как раз посередине пути между этими городами. Но каждая из групп, заслышав топот ног, решила, что это немцы. Охваченные паникой, люди разбежались по лесу.

165

ДАТСКИЙ УРОК

Потребовалось несколько дней, чтобы снова собрать их вместе.

В другом эпизоде в результате задержки произошел намного более серьезный инцидент. Группа беженцев скрывалась в лесу, тянущемся вдоль побережья в окрестностях Хельсингера. Проходили часы, а бот, которого они ждали, все не появлялся. Беспокойство и страхи беженцев нарастали. Ронен, который был прикреплен к этой группе, беседовал с другим подпольщиком, когда внезапно их беседа была прервана душераздирающими криками. Обернувшись, они увидели, что один из беженцев, молодой ученый, истекает кровью, а в руке у него раскрытая бритва. Несколько человек бросились к нему, отняли бритву, сделали укол и остановили кровотечение. Однако крики и плач беженцев продолжались. Когда Ронен подошел разобраться, он увидел страшную картину. Перед попыткой самоубийства молодой ученый перерезал горло своей жене и детям, и все трое теперь лежали мертвые в луже собственной крови.

Спустя некоторое время, когда он пришел в себя, Ронен узнал, что произошло. Впавшие в отчаяние из-за откладывающейся посадки на бот, страшась, что немцы их схватят, и зная, что ожидает их в случае ареста, ученый с женой договорились о самоубийстве. Отойдя в сторону от остальных беженцев, они укрылись за деревьями. Он убил жену и детей, но когда полоснул себя по горлу, мужество покинуло его и он закричал.

Словно по злой иронии судьбы, бот, предназначенный для транспортировки этой группы беженцев, прибыл всего через несколько часов после случившейся трагедии. Несчастного разместили на корабле,

СПАСЕНИЕ ЕВРЕЕВ ДАНИИ

как и всех других. По прибытии в Швецию он был срочно доставлен в больницу, где было установлено, что последствия ранения, которое он нанес себе, были незначительными в сравнении с тяжелейшим поражением его психики. Он был переведен в больницу для душевнобольных, где оставался в течение нескольких лет. Позднее этот человек вернулся в Данию и смог даже заняться научной работой.

Опасаясь, что немцы могут обнаружить скопление беженцев в Хельсингере и поблизости от него, «Клуб» расширил базу своих операций, чтобы вовлечь рыбаков из расположенных поблизости городов Эспергеде и Гилелайе. Это привело к возникновению особенно опасных проблем перевозок по суше.

Как-то члены «Клуба» должны были забрать более ста беженцев из Снеккерстена и доставить их на борт большой шхуны. После полуночи беженцев перевезли на четырех грузовиках и трех личных машинах на ферму в двух милях от гавани Гилелайе. Оставив их там, Киер и Ронен направились пешком к гавани убедиться, что все в порядке. Киеру мешали идти зашитые в подкладку деньги для уплаты рыбаку. Деньги были не только бумажные, но и металлические. Прибыв к назначенному месту, Киер и Ронен постучали в дверь дома человека, с которым подполье имело связь. Ответа не последовало. Это их озадачило. Знал ли этот человек наверняка, что они должны появиться? Они продолжали настойчиво стучать. Наконец связной появился в дверях. Даже в темноте они могли видеть, что лицо его было белым как мел от страха.

— Что же ты не открываешь? — спросил Киер.

— Я думал, что это гестапо.

— Ты знал, что мы должны прийти.

Глаза связного нервно забегали.

— Все пропало, — скороговоркой выпалил он. — Это место кишит гестаповцами! Они прознали обо всем, что здесь делается. Вам надо как можно скорее уходить!

Едва он захлопнул перед ними дверь, как они услышали шум подъехавшего автомобиля, набитого гестаповцами. Киер и Ронен перемахнули через садовую ограду, перепрыгнули несколько живых изгородей и устремились в открытые поля. Для Киера, которому мешали зашитые в подкладке деньги, это бегство было особенно тяжелым. Они слышали, как прибыли еще несколько гестаповских машин, и видели лучи карманных фонарей, пытающихся нащупать их. Хорошо зная эти места, они сумели вернуться назад к ферме, не выходя на окрестные дороги. Беженцы ожидали их все это время в состоянии крайнего напряжения и тревоги. Смогут ли они добраться до Швеции в эту ночь? В том, что они услышали от Киера, не было ничего утешительного. Отплытие не состоится. Вместо этого они должны немедленно возвратиться в Снеккерстен. Водители грузовиков и пассажирских машин возражали. Это было, по их словам, слишком опасно. Киер дал им какое-то количество денег, что были в подкладке его пальто, и водители сняли свои возражения. Когда все начали вновь садиться по машинам, одна из беженок заявила, что они с дочерью останутся здесь, поскольку она считает, как и водители, что возвращаться опасно. Среди беженцев началась паника. Киер убеждал их, что если гестаповцев в этом районе действительно так много, как показал его контакт в Гилелайе, то через несколько минут они могут появиться на ферме. Беженцы все еще не хотели уезжать. Наконец Киеру удалось переубедить их, заявив, что он настолько уверен в безопасности обратной поездки, что готов сам ехать в головной машине, рискуя тем самым быть наверняка схваченным первым, если их остановят немцы. Его бравада, похоже, успокоила беженцев, и семь машин с потушенными фарами на максимальной скорости рванулись обратно к Снеккерстену. Из рассказа фермера в Гилелайе Киер позднее узнал, что спустя несколько минут после их отъезда на ферме появились гестаповцы и арестовали мать с дочерью, которые там остались.

Трагические обстоятельства, постоянная опасность, недостаточное количество рыбацких судов и тяжелое психическое состояние беженцев привели членов «Клуба» к выводу, что их операции не должны больше осуществляться прежними методами.

— Мы не должны полагаться только на рыбаков, — заключил Киер. — Нам нужно наше собственное судно для использования в любое время.

— Это было бы неплохо, но где же его взять? И кроме того, кто его поведет?

Киер показал на себя.

— А ты умеешь? — спросил Ронен.

— Я никогда в жизни не водил бот, — ответил Киер, — но я уверен, смогу научиться. Это было бы интересно.

— Это было бы опасно. У тебя жена и двое маленьких детей. И как же твой бизнес? — сказал Ронен.

— Моя жена и дети знают, я люблю спорт. Одурачивать гестапо, по-моему, самый волнующий спорт. Что же касается бизнеса, клерки смогут вести его.

— Смешно даже говорить об этом, — заявил Ларсен. — У нас нет ни малейшей возможности достать бот.

— Ну а если бы вдруг мы смогли достать судно, — спросил Киер, — согласились бы вы все, чтобы я был капитаном?

Чтобы ублажить его, все согласились.

На следующий день Киер объявил, что он добыл бот.

Члены «Клуба» были поражены. Но они были поражены еще больше, когда Киер спокойно сообщил, что просто украл его. Последовали строгие нарекания, но в этот вечер Киер совершил свою первую поездку в Швецию. Чтобы отпраздновать успех путешествия, во время которого он благополучно перевез десять беженцев, Киер остановился в «Гранд-Отеле» в Хелсинборге и заказал первоклассную шведскую еду. На следующее утро он возвратился в Данию и сделал еще три перехода в Швецию с беженцами на борту.

Несколько дней спустя состоятельный еврейский врач пожертвовал крупную сумму «Клубу портных-любителей» в знак признательности за переправку в Швецию его с дочерью, и «Клуб» по настоянию Киера использовал эти деньги для уплаты первого взноса при покупке быстроходного судна. Украденный бот был возвращен владельцу, который все это время оставался в неведении относительно его пропажи. Местные жители внесли деньги на покупку второго бота. Совершая ежедневно в среднем минимум три-четыре поездки, «капитан» Киер быстро разрешил проблему транспортировки беженцев в «Клубе портных». Непрерывный их поток направлялся из Хельсингера в Дании к Хелсинборгу в Швеции, а Киер стал неуловимым мореплавателем, за которым тщетно охотилось гестапо.

Для прекращения потока беженцев в Швецию немецкое командование прислало в Хельсингер высокопоставленного гестаповца, личного друга Генриха Гиммлера.

Одним из первых мест, куда отправился Йодль, был отель «Снеккерстен». Томсен заверил его, что никогда не прятал у себя евреев и не знал никого другого, кто бы их прятал.

— Если ты врешь... — пригрозил Йодль.

— Боже сохрани, — ответил Томсен.

— Хорошо, — сказал Йодль, — ты можешь доказать мне, что не врешь, если станешь сотрудничать. В следующий раз, если прибудут постояльцы, в которых ты заподозришь евреев, немедленно сообщи мне по телефону.

После ухода Йодля Томсен связался с хельсингерским «Клубом», и было решено перестать использовать гостиницу «Снеккерстен» как тайное прибежище.

Прошло несколько дней, и в гостинице появился человек, в котором Томсен уверенно признал еврея.

— Мы под наблюдением гестапо, — предупредил этого человека Томсен. — В данное время мы не разрешаем никому из евреев останавливаться здесь.

— Чепуха!

— Но это прежде всего для вашей собственной безопасности.

— Но я не имею никакого отношения к этим грязным евреям! — заявил посетитель, протягивая документы в доказательство своего арийского происхождения. — Иногда меня принимают за одного из них, — продолжал он, — но слава Богу, как видите, я не еврей.

Томсену не понравилось то, что он услышал от этого человека, и в какой-то момент он подумал отказать ему. Но, слегка поразмыслив, он решил осуществить одну идею, показавшуюся ему куда более остроумной. Едва забрезжил рассвет, он позвонил в штаб-квартиру гестапо в Хельсингере, прося соединить его с Йодлем. Ему ответили, что тот еще не появлялся и, вероятно, спит у себя дома. Но Томсен был настойчив, говоря о неотложности дела, по которому ему нужен Йодль. Немного поколебавшись, телефонист дал ему домашний номер Йодля.

— Прошу прощения, герр Йодль, что разбудил вас, — начал Томсен, — но я уверен, сегодня у нас есть то, что вы ищете. Человек, который только что поселился в гостинице, несомненно, еврей.

— Спасибо за сообщение, — ответил Йодль, — я сейчас же приеду.

Через несколько минут он и несколько гестаповцев появились в гостинице. Томсен проводил их к комнате постояльца. Тот крепко спал, когда они вошли. Йодль на цыпочках подошел к кровати.

— Можно не сомневаться, — радостно подтвердил он, — это точно еврей.

Он нагнулся над спящим и изо всей силы ударил его по лицу.

— Хватит дрыхнуть, парень, — заорал он. — Вставай!

Лица гестаповцев расплылись в улыбках.

Короткое время спустя, после проверки удостоверения личности разозленного постояльца, сконфуженный шеф гестапо покинул гостиницу «Снеккерстен». Пожимая руку Томсену, Йодль произнес: «Хотя в этот раз и не сработало, не думай, что я не признателен тебе за твой звонок. В следующий раз мы застукаем одного из них, а может, и больше. Звони мне каждый раз, когда у тебя возникнут подозрения. Звони в любое время, днем или ночью».

Когда Томсен сообщил об этом происшествии членам «Клуба», они решили, что будет замечательной

СПАСЕНИЕ ЕВРЕЕВ ДАНИИ

забавой помучить Йодля. В соответствии с этим решением его просили приехать в гостиницу «Снеккерстен» и ряд других мест в самые разные часы суток. Эти звонки его доконали. Однажды ночью, после возлияний, он заявил Томсену: «Боюсь, пистолет, который в конце концов прикончит меня, окажется именно здесь, в твоей проклятой гостинице «Снеккерстен».

Йодль, хотя и стал мишенью для насмешек и главным героем многих датских розыгрышей, все же не был полным идиотом. Медленно, но верно он начал наступать на хельсингерский «Клуб портных».

Во время налета на одно из хельсингерских убежищ репортер Ронен и группа беженцев, за которую он отвечал, едва не попали в руки гестапо — их спасли буквально минуты. К счастью, в кармане у Ронена были ножницы, обычно он пользовался ими, делая газетные вырезки. Преследуемый немцами по пятам, Ронен сумел с помощью этих ножниц проделать проход в проволочном заборе, окружающем большую птицеферму. Это позволило беженцам благополучно попрятаться среди бесчисленных курятников. Ронена, однако, выследили, и на следующий день он был арестован немцами. Несколько недель он просидел в тюрьме Весто в Копенгагене, где подвергался непрерывным допросам. Он не только отрицал свое участие в бегстве на птицеферму, но и прикинулся, что ему ничего не известно о существовании евреев в Дании. Спустя несколько недель Ронена выпустили. В день освобождения из тюрьмы гестаповский офицер сказал ему: «Я не могу себе представить, как ты вообще соображаешь. Ты один из самых тупых идиотов, которых я когда-либо встречал».

После того как большинство еврейских беженцев оказались в безопасности в Швеции, хельсингерский

«Клуб» решил продолжать свою подпольную деятельность, переправляя саботажников, датчан, разыскиваемых немцами за оказанное им сопротивление, а также английских и американских пилотов, сбитых над Данией.

Это произошло 20 января 1944 г. Ларсен находился на пляжной полосе в Снеккерстене в ожидании рыбацкого бота. В летнем домике рядом с пляжем прятались пассажиры этого бота: несколько молодых датских евреев, которые оставались в стране, занимаясь подпольной работой, и два саботажника. Ларсен всматривался в темноту, стараясь разглядеть бот, когда услышал за своей спиной:

— Руки вверх!

Он поднял руки.

— Теперь можешь повернуться.

Он увидел группу немецких солдат, наставивших на него пистолеты. Неожиданно один из немцев выстрелил четыре раза. Тяжело раненный Ларсен упал на землю.

— Ты, тупица, — вымолвил Ларсен. — Ты стрелял в датского полицейского. Я вышел сюда после комендантского часа, потому что я полицейский.

Немцы, похоже, были озадачены.

— Нам сказали, что важный руководитель подполья находится здесь, на пляже, — сказал немец, который стрелял.

— Я полицейский, — повторил Ларсен. — Я служу в сыске.

— Ты можешь быть полицейским и в то же время руководителем подполья, — заявил немец.

— Это еще не основание хладнокровно расстреливать меня, — парировал Ларсен. — Зачем вы это сделали?

СПАСЕНИЕ ЕВРЕЕВ ДАНИИ

Немец не ответил, однако продолжал держать нацеленный пистолет. Ларсен был удивлен, что фашист его не прикончил.

— Что вы намерены делать? — спросил Ларсен. — Просто стоять здесь и ждать, пока я умру?!

Несколько минут немцы не двигались

— Ты, грязная свинья! — закричал Ларсен. — Вы все! Не люди, а банда убийц! Почему вы мне не помогаете?

Солдат сделал движение в направлении к Ларсену, но лейтенант остановил его. Где-то далеко послышался звук сирены «скорой помощи». Один из товарищей Ларсена по подпольной борьбе видел, что произошло, и вызвал на пляж датскую «скорую». «Скорая» отвезла Ларсена в больницу в Хельсингере. Хотя там он находился под круглосуточной немецкой охраной, членам «Клуба портных» удалось выкрасть его и переправить на машине «скорой помощи» Кристиана Кислинга в больницу Биспебьерг в Копенгагене. Оттуда его перевели в военный госпиталь, где зарегистрировали под вымышленным именем. Между тем немцы объявили в газетах, что он был убит при попытке к бегству. Действительно, он был недалек от смерти. Врачи считали, что его шансы на выздоровление после таких тяжелых ранений составляли не более десяти процентов. Его близкий друг Оле Брун навещал его каждый день, несмотря на неоднократные предупреждения «Клуба» об опасности таких визитов, и в первые недели после трагедии говорил Киеру и Герсфелту, что, по его мнению, Ларсену лучше было бы умереть, чем так мучиться. Однако, несмотря на пессимистические прогнозы, после многих хирургических операций Ларсена удалось спасти и подлечить настолько, что стало возможно тайно пере-

175

править его в Швецию. Здесь ему предстояло пройти еще через несколько операций. Шведские врачи, так же как их датские коллеги, были весьма осторожны в своих прогнозах. Но он выжил и после войны продолжил работу в сыскной полиции, женился и стал отцом большого семейства. По его словам, дружеская поддержка и верность Оле Бруна придавали ему силы и желание бороться за жизнь.

В ночь, когда ранили Ларсена, был произведен налет и на квартиру Ронена. На стук в дверь ответил его брат, дав Ронену возможность бежать через черный ход и уйти по крышам от немцев. Последующие несколько дней он провел, скрываясь в доме одного из членов «Клуба», а затем тайно был переправлен в Швецию.

Условия для работы хельсингерского «Клуба» опасно ухудшились. Было очевидно, что кто-то донес на них немцам. Расследование показало, что доносчиков было двое: О. Медсен, служащий полиции, работавший с Ларсеном, и некий Венский Мальчик. (Это прозвище он получил, поскольку попал в Данию, принимавшую сирот после Первой мировой войны, ребенком.) Медсен получил по заслугам, заработав то, что члены клуба называли «билет на полдороги». Его привезли на корабль и на половине пути между Данией и Швецией удавили и выбросили тело с привязанным к нему грузом за борт. Венского Мальчика выследили и расстреляли из автоматов в квартире во время устроенного им, несомненно, на полученные от немцев деньги, роскошного обеда.

Члены «Клуба», казнившие предателя, не испытывали ни малейшего сожаления по поводу его судьбы, но переживали из-за повреждений в квартире в результате стрельбы. Владельцу дома они оставили записку: «Извините за дыры в стенах».

СПАСЕНИЕ ЕВРЕЕВ ДАНИИ

Несмотря на то что Ларсен и Ронен чуть не попали в лапы к немцам, операции «Клуба портных» продолжались. Подполье переправило жену и двух детей Киера в Швецию, но сам Киер продолжал свои челночные поездки между Данией и Швецией.

12 марта 1944 г. Киер с 16-летним помощником был на пути из Хелсинборга в Хельсингер, управляя быстроходным ботом. Войдя в датские территориальные воды, Киер заметил впереди себя флотилию немецких патрульных судов. Он развернул бот в направлении Швеции и увидел четыре патрульных судна, заходящих на него с этой стороны. Он приказал своему помощнику лечь на дно бота, а сам дал максимальную скорость, надеясь проскочить сквозь строй этих четырех патрульных кораблей и вернуться в Швецию. Под свистящими вокруг него пулями Киер одной рукой удерживал руль, сохраняя курс, а второй рукой достал и выбросил за борт пистолет, чемодан с компрометирующими бумагами, а также американские сигареты и табак, предназначенные для раненого Томода Ларсена, который все еще укрывался в копенгагенской больнице. При попытке проскочить между двумя патрульными судами у Киера внезапно заглох мотор. Немецкая пуля перебила бензопровод. В тот момент, когда четверо немцев поднялись на борт его бота, Киер с ужасом заметил, что его чемодан все еще плавает на поверхности. К несчастью, один из немцев тоже заметил чемодан, и его выловили. Киера доставили в штаб-квартиру гестапо в Хельсингере, где подвергли жестоким пыткам, но он никого не выдал.

После нескольких недель в копенгагенской тюрьме Весто, где его снова пытали, но ничего не добились, Киера отправили вместе с несколькими тыся-

177

ДАТСКИЙ УРОК

чами других датских участников Сопротивления в Германию, поначалу в концлагерь Неингамма, а затем в Порту. В Порте он попал на шахты, добывающие сланцы, где получил тяжелую болезнь легких, от которой продолжал страдать и после освобождения. Заключенные сотнями гибли от голода, жестокого обращения и каторжного труда в ледяной воде сланцевых шахт. Как рассказывал Киер, в концлагере Порты каждый третий день погибал кто-нибудь из датчан. «Чаще всего это были молодые люди лет двадцати-тридцати. Трупы сваливались в кучи, и, когда их набиралось много, грузовики отвозили их к месту массового захоронения в огромной общей мо-гиле. От трупов исходило зловоние: в концлагере не было крематория, так как он был недостаточно боль-шим для этого».

Больше половины датских заключенных в концлагере Порты погибли когда наконец 20 марта 1945 г. лагерь был освобожден. По свидетельству Киера, он выжил только благодаря несломленному могучему желанию вернуться к своей семье.

В один из мартовских дней 1944 г. Йодль въехал на своем огромном лимузине «Адлер» в датский гараж. Его автомобиль нуждался в небольшом ремонте. Механик заметил, что ремонт займет около часа. Йодль и его шофер решили провести этот час за кружкой пива в близлежащем кафе. Едва нацисты ушли, механик, который был членом «Клуба портных», стал просматривать все бумаги, которые смог обнаружить в машине. Среди них была большая карта Снеккерстена, на которой крестиками были отмечены четыре пункта: гостиница «Снеккерстен», два дома рыбаков, участвовавших в переправке беженцев морем, и дом доктора Герсфелта. Эта информация была

СПАСЕНИЕ ЕВРЕЕВ ДАНИИ

быстро передана тем, кого она касалась. Доктор Герсфелт скрылся, а Томсен решил остаться в своей гостинице.

После нескольких недель, в течение которых не было немецких рейдов, доктор Герсфелт посчитал, что можно без опасений вернуться домой. Несколько ночей спустя после возвращения Герсфелт и его жена были разбужены в три часа утра громким стуком в дверь. Супруги решили, что это гестапо, но, когда Герсфелт открыл дверь, он увидел Томсена. Владелец гостиницы был без пальто и шапки, насквозь промокший под холодным дождем. Он только что услышал, как гестаповский офицер рассказывал девушке, работавшей в гостинице, что на следующий день будет проведен рейд в Снеккерстене, и поспешил предупредить Герсфелта. Доктору и его жене, которая была на девятом месяце беременности, пришлось снова бежать. Они благополучно добрались до Швеции.

То, что услышал Томсен, оказалось правдой. Но, на свое несчастье, он не смог услышать другие подробности планировавшегося рейда. Если бы смог, то, быть может, узнал, что главным объектом рейда была его собственная гостиница. Томсен был схвачен немцами, подвергнут пыткам и позднее казнен.

«Клуб портных-любителей Хельсингера» прекратил свое существование.

179

13

«АГЕНТСТВО ПЕРЕВОЗОК»

Я за тех, кто никогда не признавал
над собой господ.
За тех мужчин и женщин, чей дух
оставался свободным.
За тех, кого никогда не подчинят ни
законы, ни теории, ни условности.

Уолт Уитмен

В октябре 1943 г. Оле Хелвег, молодой датский архитектор, жил и работал в Швеции. У него была хорошая работа, и недавно он женился на шведской девушке, которая даже по шведским понятиям была красавицей. Он практически не думал о войне или о немецкой оккупации его страны, пока не услышал по шведскому радио о преследованиях немцами евреев Дании. Он заявил жене, что должен вернуться в Данию, чтобы оказать помощь своим со-отечественникам-евреям, даже если бы это означало потерять работу и подвергнуть свою жизнь опасности. Жена поддержала его.

Хелвег связался с другим датским архитектором, жившим в это время в Швеции, Бентом Карлби, и оба отправились в Стокгольм, где встретились с Эббе Мунком, руководителем шведского отделения датского Сопротивления. Они сообщили Мунку, что намерены оставить работу и полностью посвятить себя перевозке евреев из Дании в Швецию.

— Это прекрасно, что вы хотите помочь вашим со-отечественникам, — ответил Мунк. — Но, во-первых, вам нужны деньги на приобретение судна, а во-вторых, вам нужен кто-то, кто имеет опыт судовождения.

Мунк предложил попытаться достать денег у кого-нибудь из состоятельных евреев в Стокгольме. Первыми шведскими евреями, с которыми встретились Хелвег и Карлби, были Холандерсы, хорошо известные владельцы меховых магазинов в Стокгольме. Когда Холвег объяснил, зачем ему понадобились деньги, они немедленно вручили ему тридцать пять тысяч долларов без каких бы то ни было условий, не требуя расписки.

Найти капитана оказалось гораздо сложнее. Карлби до этого слышал о датском морском лейтенанте по имени Эрик Стермозе, который бежал в Швецию после затопления судна, на котором служил. Они нашли его в грязном номере отеля, где он жил без денег и без дела. Эрик мгновенно принял предложение присоединиться к ним, порекомендовав четвертого человека для их группы — Эрика Маркса, немецкого еврея, бежавшего из нацистского концлагеря и жившего на протяжении последних нескольких месяцев в Швеции под видом рыбака. Когда Хелвег и Карлби встретились с Марксом, то увидели, что по внешности и манере говорить он вполне мог сойти за шведа. Они купили в Гетеборге два бота. Первый был способен развивать скорость до 40 узлов в час и мог взять на борт десять пассажиров. Вторым был рыболовный бот, значительно менее быстроходный, зато на нем можно было перевозить больше пассажиров. Группа планировала использовать быстроходное судно при хорошей погоде, а рыболовный бот при более сложных условиях на море. Имея в своем распоряжении суда и капитанов, два датчанина чувствовали себя готовыми начать действовать и доложили об этом в Стокгольм Эббе Мунку. Тот дал им официальное название «Датско-Шведское агентство по делам беженцев». Но они называли себя просто «Агентство перевозок». Мунк информировал группу, что гестапо свирепствовало в городах к северу от Копенгагена, таких как Хельсингер, Снеккерстен, Гилелайе, Хорибек, и предложил им действовать к югу от Копенгагена, из небольших рыбацких поселков, таких как Клинтхолм и Мюен. Переход через пролив будет занимать значительно больше времени, но, по мнению Мунка, это будет безопаснее. «Агентство перевозок» согласилось.

Оба судна были отправлены по железной дороге в Мальме, который, после консультации с Мунком, группа решила сделать отправным пунктом операций из Швеции. Однако, прибыв в Мальме, они узнали, что шведская разведка прознала об их организации и установила наблюдение за всеми четырьмя ее членами, запретив отъезд в Данию на любом из их судов. У жены Хелвега были родственники в шведском Министерстве иностранных дел. Через них Хелвег смог устроить встречу со шведским министром иностранных дел Кристианом Гюнтером. Он не очень представлял себе, какой помощи можно было ожидать от Гюнтера, который имел репутацию пронациста, главным образом из-за данного в начале войны разрешения на переброску немецких войск в Норвегию по шведским железным дорогам. Однако победа Германии в этой войне уже не казалась такой бесспорной, и Хелвег полагал, что, возможно, министр иностранных дел в настоящее время видит вещи в ином свете. К большому удовлетворению Хелвега, Гюнтер согласился помочь ему. Он распорядился о снятии полицейского наблюдения, выдал специальные разрешения на вход и выход судов Хелвега в гавани Мальме в любое время, снабдил Хелвега и его друзей официальными удостоверениями шведских рыбаков и гарантировал предоставление необходимого количества бензина из поставок, предназначавшихся для шведских военно-воздушных сил.

В ночь на 10 октября 1943 г. «Датско-Шведское агентство по делам беженцев» отправилось из Мальме в свое первое путешествие. Пунктом назначения был Копенгаген, а на борту бота находился его первый пассажир, Лейф Б. Хендил, руководитель подполья, который возвращался из Швеции в Данию. Как на грех через несколько часов после выхода из Мальме разыгрался сильный шторм, и двигатель заглох. После многочасового дрейфа их подобрал датский рыбак, который и запустил двигатель. Однако двигатель по-прежнему барахлил, и, вместо того чтобы испытывать судьбу, пытаясь добраться до Копенгагена, Карлби решил вернуться для ремонта в Мальме, а Хелвиг и Хендил продолжили путь в Копенгаген с рыбаком, который их подобрал. Через несколько часов, едва бот пришвартовался в копенгагенских доках, Хелвег и Хендил, как заправские рыбаки, сразу начали выкрикивать: «Рыба на продажу! Рыба на продажу!». Они продали рыбы больше чем на сто долларов, отдали ее своему спасителю-рыбаку и исчезли в толпе.

Целью появления Хелвега в Копенгагене, помимо переправки Хендила, было установление связей в маленьких городках к югу от столицы, которые назвал Мунк. Среди тех, с кем он встретился, были Вернер Кристиансен, владелец гостиницы в Редвиге, и Эдвард Тесдорф, владелец огромного имения в Гюшлеве, к югу от Копенгагена. Кристиансен согласился предоставить Хелвегу свою гостиницу для беженцев, а Тесдорф — использовать пляж своего поместья для посадки их на суда. Были также установлены контакты в Клинтхолме и Мюене. Все было устроено за несколько дней. Хелвег возвратился в Швецию, и работа «Датско-Шведского агентства по делам беженцев» началась всерьез. Поначалу все шло прекрасно.

Среди беженцев, подобранных в Мюене, была семья Этти Хенрикес. Они были фермерами, их ферма находилась в 50 милях к югу от Копенгагена. Когда их впервые навестил шеф местной полиции и сказал о необходимости бежать в Швецию, они не хотели в это поверить. Потомки одной из старейших и наиболее уважаемых еврейских семей Дании — их предки прибыли сюда в начале XVII века, — они не представляли, что после трех столетий признания и свободы возникла необходимость спасаться бегством из страны, которую они давно считали своей родиной.

После повторных предупреждений шефа полиции, а затем и связного датского Сопротивления они

СПАСЕНИЕ ЕВРЕЕВ ДАНИИ

согласились уехать в Швецию, воспользовавшись помощью «Агентства».

Из-за жесткого лимита на бензин Этти Хенрикес, которой в ту пору было немногим больше двадцати, отправилась со своей семьей к скалам у Мюена на лошадях. В назначенном месте они встретили группу примерно из сорока беженцев всех возрастов. Под руководством агента подполья начался сложный спуск со скал. Когда они достигли середины спуска, показался самолет. Беженцы, приняв его за немецкий и думая, что он может открыть по ним огонь, впали в панику. Они вскарабкались обратно на скалы и побежали в лес.

«Это было ужасно,— вспоминала Этти Хенрикес. — Пожилые люди, дети, матери и отцы, несущие на руках младенцев, — все устремились, не разбирая дороги, в лес».

Проявив выдержку и терпение, подпольщики собрали всех их снова вместе, и на следующий день беженцы смогли спуститься со скал и погрузиться на борт рыболовного бота Стермозе, который благополучно переправил их в Мальме.

Из-за трудности спуска со скал для многих, особенно пожилых и тех, у кого на руках были младенцы, пункт в Мюене в дальнейшем не использовался.

По мере того как подполье наладило лучшее взаимодействие с различными группами, которые ранее уже освоили пути бегства беженцев, евреев привозили из Копенгагена и северных городов в южные районы, где их могло забрать «Агентство».

Имение Тесдорфа было особенно полезным как промежуточное звено. Подполье понимало, что Эдвард Тесдорф, наследник одной из старейших и богатейших аристократических семей в Дании, по всей вероятности, вряд ли рисковал попасть под подозрение немцев как участник операции по спасению евреев. В действительности вовлечение его в эту операцию оказалось делом случая.

Возвращаясь как-то вечером домой в свое имение, он услышал от своей жены, что сегодня у них к обеду будет много гостей.

— Кто это? — спросил он.

— Я не знаю, — спокойно ответила она. — Единственное, что я знаю о них, что это евреи, убегающие от немцев. Они просто появились в имении вскоре после полудня и спросили, могу ли я спрятать их. Естественно, я не могла им отказать.

— Разумеется, — ответил Тесдорф. — Мы должны сделать все возможное, чтобы помочь им.

С того дня стало известно, что на Тесдорфов можно рассчитывать как на друзей евреев. После разговора с Хелвегом Тесдорф с готовностью согласился на использование его имения не только для укрытия беженцев, но и как основного места в южной зоне, откуда их могли забирать суда для переправки в Швецию.

«На деле все это было довольно волнующим, — рассказывала госпожа Тесдорф. — Каждый раз, когда мы выводили беженцев на наш пляж, где они должны были встретить один из ботов, у меня в голове звучала, повторяясь снова и снова, музыкальная тема контрабандистов из «Кармен».

После перевозки более семисот еврейских беженцев в Швецию Хелвег, Стермозе, Маркс и Карлби продолжали вести дело «Агентства перевозок», переправляя саботажников, пилотов сбитых самолетов союзников и всех тех, кто по той или иной причине должен был добраться до Швеции или тайно до-

СПАСЕНИЕ ЕВРЕЕВ ДАНИИ

ставлен из Швеции в Данию. Наряду с этим Агентство перевозило почту, оружие, боеприпасы и тайно добытые фотографии и пленки немецких оборонительных укреплений.

В ночь на 10 декабря 1944 г. Хелвег, Стермозе и Маркс везли на своем боте груз оружия для датского подполья. На пути в Копенгаген из Мальме их заметило немецкое патрульное судно и приказало остановиться. Прежде чем патрульный корабль подошел, им удалось выбросить за борт все автоматы, пистолеты и ручные гранаты, которые они везли. У них имелись фальшивые документы шведских рыбаков, а также датские удостоверения личности, которые требовались в Дании.

После того как немцы поднялись на борт и арестовали их, Хелвег попросил разрешения для себя и Стермозе оправиться с борта судна. Им разрешили. Справляя малую нужду, они проглотили свои датские бумаги, удостоверяющие личность.

Хелвег сознавал, что он и Маркс могли сойти за шведов, но что было делать со Стермозе, не говорящим по-шведски? «Не разговаривай, — шепнул Хелвег Стермозе. — Не раскрывай рот, притворись идиотом. Страдаешь слабоумием». Спустя несколько минут, Маркс тоже попросил разрешения оправиться через борт и воспользовался этим, чтобы проглотить свое датское удостоверение личности.

Немцы отправили всех троих в тюрьму Весто в Копенгагене, они пробыли там двенадцать дней. Все эти дни Стермозе не только выдерживал абсолютное молчание, но и сохранял бессмысленное выражение на своем лице.

К счастью, Стермозе поместили в камеру вместе с Хелвегом, а поскольку отец Хелвега был психиат-

187

ром, он смог просветить Стермозе, как должен выглядеть страдающий тяжелой формой слабоумия.

В один из дней гестаповский офицер спросил Хелвега:

— Зачем ты держишь этого здоровенного олуха? Он же ненормальный.

— Да, — согласился Хелвег. — Никто не сомневается, что у него с головой не все в порядке, но он дьявольски силен. Взгляните на его руки. Вам когда-либо приходилось видеть такие огромные руки? Он для нас очень полезен.

На протяжении всех допросов в гестапо Хелвег и Маркс продолжали утверждать, что они шведские рыбаки и совершенно не представляют, почему вызвали подозрение.

В конце концов гестаповцы заявили, что они убедились, что арестованные являются шведскими рыбаками и что всех троих планируется освободить. Перед освобождением их вызвали на последний допрос.

— Мы собираемся вас отпустить, так как вы шведы, а Швеция нейтральная страна, — сообщил им офицер гестапо. — Однако я хочу, чтобы вы запомнили, что мы не обязаны освобождать граждан нейтральной страны, если они вовлечены в противозаконные операции с датчанами. Вам это понятно?

Хелвег и Маркс кивнули. Стермозе хранил свое бессмысленное выражение лица.

— На самом деле, — продолжал гестаповец, — у нас нет сомнения, что вы были вовлечены в нелегальные операции с датчанами. Тем не менее мы собираемся отпустить вас. Можете догадаться почему?

Хелвег и Маркс отрицательно покачали головами. Стермозе остался недвижим.

СПАСЕНИЕ ЕВРЕЕВ ДАНИИ

— Не будьте наивными, — проговорил гестаповец, — у нас есть серьезные основания подозревать вас в перевозке евреев в Швецию.

К величайшему удивлению Хелвега и Стермозе, Эрик Маркс вдруг произнес:

— А мы действительно это делали.

— Но почему?! — воскликнул гестаповец, глядя на Маркса. — Вот ты, в частности, голубоглазый блондин, швед, великолепный ариец. Зачем тебе надо было помогать евреям?

Маркс вытащил из кармана сверток с деньгами и показал его гестаповцу.

— А вот зачем, — сказал он. — Чтобы делать деньги.

— Если вы занимаетесь этим для денег, мы тоже можем платить за доставку евреев, но не в Швецию, а к нам. Мы заплатим вам за них. На самом деле, это и есть причина, по которой мы решили отпустить вас.

— Но мы смогли бы сделать это только один раз, — ответил Маркс. — Один раз, и на этом все кончится, потому что беженцы больше нам не поверят. Другое дело, если давать вам знать. Согласны вы платить за информацию? В конечном счете это может оказаться более ценным, чем передача вам судна с беженцами на борту.

Гестаповец сказал, что должен кое-кого привести, попросил их присесть, предложил виски и сигареты и сказал, чтоб они чувствовали себя свободно.

Когда они остались одни, Маркс поделился с Хелвегом и Стермозе тем, что у него было на уме.

Гестаповец возвратился с несколькими высокопоставленными начальниками. Последовали переговоры во вполне дружеской атмосфере, в результате которых Хелвег и Маркс согласились работать как двойные агенты. За это они просили удостоверения, позволяющие им свободно действовать в любом датском порту вдоль побережья. Гестапо согласилось с этим условием. На следующий день они получили эти удостоверения, покинули тюрьму и направились к своему судну.

Естественно, они так никогда и не выполнили свою часть обязательств. Вместо обещанного немцам сотрудничества «Датско-Шведское агентство по делам беженцев» использовало эти удостоверения для большей свободы своих операций.

14

СТРЕЛЯЮЩИЙ ПАСТОР

> Несмотря на наши совершенно различные религиозные верования, мы будем сражаться, чтобы сохранить для наших еврейских братьев и сестер ту же свободу, которой мы сами дорожим больше, чем жизнью.
>
> *Из воззвания датского епископа*
> *3 октября 1943 г.*

Рандерс — город с пятьюдесятью тысячами жителей в северной части Ютландии, примерно в 193 милях от Копенгагена. В 1943 г. в нем проживало около двадцати евреев. То, что все они благополучно прибыли в Швецию, могло произойти в значительной мере благодаря усилиям пастора Борсиниуса, прозванного немцами Стреляющий Пастор.

В день падения Дании пастор Борсиниус находился у себя дома, облаченный в одежды для проведения ранней утренней службы в своей церкви. Услышав гул самолетов над головой, он вышел наружу и взглянул на небо. Он был в восторге от того, что увидел. Неужели вправду у нас так много самолетов? Это его ободрило. Затем вдруг один из самолетов снизился, и пастор заметил свастику на его крыльях. Это его смутило. Он позвонил знакомому полковнику, и тот сказал, что немцы вторглись в Данию. Пастор Борсиниус был потрясен. К вечеру того дня в Рандерс вошли немецкие войска. Борсиниус был на улице, чтобы встретить их. Высокого роста, атлетического сложения и с бритой головой Будды, Борсиниус не мог сделать ничего больше, как обратить на себя внимание, демонстративно повернувшись спиной к марширующим мимо него немецким солдатам. Горожане, стоявшие вокруг, последовали его примеру. На протяжении последующих нескольких недель немецкой оккупации жители Рандерса под руководством Борсениуса делали нечто такое, что было еще более оскорбительным, чем повернуться к немцам спиной. Всякий раз, когда приходилось сталкиваться с немецкими солдатами, они полностью игнорировали их, как бы не слыша и не замечая их, глядя на них, как на пустое место. Пастор Борсиниус хорошо видел, что такое проявление горожанами полного презрения чрезвычайно задевало немцев.

Тем не менее оккупанты не предпринимали никаких карательных мер против такого общественного бойкота. Наоборот, они не только продолжали вести себя цивилизованно, но даже старались завоевать расположение жителей Рандерса. Из этого у них ничего не вышло. 29 сентября Дания должна была отмечать семидесятилетие своего короля. Вопреки приказам оккупационных властей население Рандерса отпраздновало этот день организацией многолюдных митингов, массовых шествий по главным улицам города, пением патриотических национальных песен.

В начале 1941 г. пастор был на праздновании 25-летия молодежной гостиницы «Уайтстоун», в шести милях от Рандерса. Во время приема пастора пригласил пройтись журналист Кай Холбек. В течение нескольких часов журналист и пастор медленно бродили по лесу, окружавшему гостиницу. Журналист явно прощупывал пастора, пытаясь узнать его мнение по ряду политических вопросов.

— В чем суть всего этого? — спросил Борсиниус.

— «Уайтстоун», — ответил Холбек, — штаб-квартира для подпольной ячейки, которой я руковожу. Мы используем эту гостиницу в качестве укрытия для саботажников и как транзитный пункт для дальнейшей переброски в Швецию.

— Почему вы мне это рассказываете?

— Потому что мы хотели бы, чтобы вы стали членом нашей организации. Вы могли бы помочь прятать саботажников в вашем доме или даже в церкви. Поскольку вы главное духовное лицо в городе, я не думаю, что немцы могли бы даже заподозрить вас.

Борсиниус был польщен доверием Холбека и обрадован возможностью войти в его группу. Так, на самой ранней стадии зародившегося датского Сопротивления он стал одним из его бойцов.

Когда немцы решили арестовать евреев Дании, для Борсиниуса было совершенно естественным участие в спасении того небольшого числа евреев, в основном врачей и гражданских служащих, которые жили в Рандерсе. Переправка этих еврейских беженцев через пролив в Швецию не представляла больших сложностей или серьезной опасности, но некоторые случаи особо запомнились пастору.

В один из дней к нему в церкви обратился полицейский инспектор, еврей, из соседнего города. После того как пастор заверил, что сможет благополучно переправить его в Швецию, полицейский инспектор, плача воскликнул: «Почему я должен покинуть свою работу, свой дом и бежать со своей семьей в другую страну? Только потому, что я родился евреем?»

Какое-то мгновение пастор пытался найти слова утешения, но понял, что ему нечего сказать.

Единственное, что он мог сделать, — не мешать этому человеку выплакаться, а затем дать ему какие-нибудь успокоительные таблетки.

Один забавный случай произошел с саботажником на романтической почве. Этот саботажник прятался в доме пастора Борсиниуса на протяжении нескольких месяцев. По ночам, несмотря на предупреждения подполья, он старался улизнуть из дома на танцульки, особенно если там было много хорошеньких девушек.

Во время одной из таких вылазок он познакомился с девушкой, в которую влюбился. Он рассказал пастору, что они с этой девушкой решили пожениться и хотели бы сделать это до того, как его переправят в Швецию. Пара хотела, чтобы Борсиниус не только совершил брачный обряд, но и организовал официальное свадебное торжество, на которое жених и невеста могли бы пригласить своих родственников и друзей.

Пастор согласился совершить брачный обряд, но объяснил саботажнику, что из-за действующих строгих ограничений на продукты питания нет возможности организовать официальный свадебный прием.

СПАСЕНИЕ ЕВРЕЕВ ДАНИИ

Саботажник был глубоко огорчен. За несколько дней до бракосочетания — это была вторая неделя октября 1943 г. — Борсиниуса навестил владелец местного кабаре. Он спросил пастора, не мог бы он помочь вывезти из страны двух евреев, актеров мюзик-холла. Борсиниус сделал владельцу кабаре предложение. Он поможет переправить артистов в Швецию, если, в свою очередь, хозяин кабаре обеспечит свадебный ужин саботажника. Владелец кабаре не только согласился, но и предложил свое кабаре для проведения свадебного торжества. Через несколько дней после того как саботажник и его невеста были обручены и состоялся свадебный прием, саботажник вместе с артистами мюзик-холла был переправлен на рыболовном боте в Швецию.

В ноябре движение Сопротивления в Дании приобрело широкий размах, и подпольная группа, в которую входил пастор Борсиниус, получила задание от Совета Свободной Дании в Лондоне: попытаться прервать железнодорожные перевозки между Германией и Норвегией. Это означало взорвать железнодорожные пути в Ютландии, один из основных маршрутов, используемых немцами для составов, направляемых в Норвегию и из нее. Действуя под именем Ханса Хансена, данным ему подпольем, пастор Борсиниус стал одним из ведущих деятелей этой группы. Именно в этот период борьбы немцы прозвали его Стреляющий Пастор, а за его голову была назначена награда.

7 декабря подполье решило, что пастору Борсиниусу нельзя больше оставаться в Дании, так как это стало слишком опасно для него. Он, его жена и две дочери должны были отправиться в Швецию. По прибытии в город Драгер, неподалеку от Каструпа, он

195

узнал от агента подполья, что на следующий день в Швецию пойдут два судна. Одно из них считалось безопасным, а другое опасным. Поскольку безопасное судно было заполнено, пастору и его семье следовало выбрать для транспортировки либо опасное судно, либо подождать несколько дней, пока придет другой бот.

Пастор решил рискнуть и отправиться на опасном судне. На следующий день их провели и поместили под палубой, где было уже так много людей, что невозможно было пошевелиться. Чтобы разместиться в трюме судна, всем пассажирам пришлось сесть на пол, плотно прижав колени к груди. Путешествие заняло несколько часов, бот сильно качало. Почти все пассажиры страдали от морской болезни. Лишенный возможности отодвинуться, пастор не мог предотвратить последствия жестокого приступа морской болезни у женщины, скрючившейся напротив.

— Извините меня, пастор, — сказала женщина, — но что я могу сделать?

— Ничего, кроме того, что делаете, — ответил пастор, держа себя в руках.

Наконец они благополучно добрались до Швеции, где через несколько дней пастор узнал, что более быстроходное, безопасное, судно было перехвачено немцами и его пассажиры отправлены в концентрационный лагерь Терезин.

Когда пастора Борсиниуса спросили, почему он помогал евреям, он ответил: «Я не могу вам этого объяснить. Конечно, я помогал им, но я не могу сказать вам почему. Это было само собой. Да и для всей страны это было само собой».

15

ДВЕ ЖЕНЩИНЫ

> Мы жили под датским флагом — с его белым крестом, символом мира на пламенеющем поле крови. И теперь остаются неизменными эти три чувства — вера, надежда и любовь, — но величайшее из них — любовь.
>
> *Кристиан Улрик Хансен**

В городе Драгере, примерно в восьми милях к югу от Копенгагена, жили две женщины совершенно разного рода занятий, которым суждено было стать близкими подругами благодаря общей цели — спасение евреев Дании. Это были

---

* Датский патриот, казненный гитлеровцами 23 июня 1944 г. *(Примеч. автора.)*

ДАТСКИЙ УРОК

фру Эллен Нильсен, торговавшая рыбой, и фрекен Элис Шмидт-Петерсен, школьная учительница.

Муж госпожи Нильсен, рабочий химического завода, умер в 1941 г. Чтобы прокормить своих шестерых детей, она стала продавать рыбу вразнос в копенгагенских доках, покупая ее непосредственно у рыбаков. Политика ее не интересовала.

В первую неделю октября 1943 г., когда она распродавала рыбу в доках, к ней подошли два брата. Они были продавцами цветов на цветочном рынке, соседнем с рыбным, и она знала их, поскольку время от времени они покупали у нее рыбу, а она, в свою очередь, покупала у них иногда цветы.

— Что бы вы хотели сегодня, ребята? — спросила она. — Есть хорошая треска и креветки.

— Госпожа Нильсен, мы хотим спросить, не можете ли вы нам помочь? — обратился один из братьев. — Вы знакомы со многими рыбаками. Быть может, вы знаете кого-нибудь, кто согласился бы отвезти нас в Швецию. Мы заплатим ему, если он нас перевезет, две тысячи крон.

— Но почему вы хотите это сделать? — поинтересовалась госпожа Нильсен.

— Потому что мы евреи, а немцы стали арестовывать всех датских евреев.

Впервые госпожа Нильсен узнала, что братья — евреи, и впервые услышала о немецких арестах евреев.

— Но если немцы в данный момент арестовывают евреев, как же вы разгуливаете здесь? Разве вам не следует спрятаться?

— Да, но мы не знаем, где спрятаться, — ответил один из братьев.

— Вы можете спрятаться у меня, в моем доме, — сказала фру Нильсен. — Я закончу пораньше сегодня,

198

СПАСЕНИЕ ЕВРЕЕВ ДАНИИ

и вы можете пойти домой со мной. А пока вы будете у меня, я спрошу знакомых рыбаков, не захочет ли кто-нибудь из них перевезти вас в Швецию.

В течение одного-двух дней Эллен Нильсен сумела найти нескольких рыбаков, готовых перевезти братьев в Швецию. С одним из них была достигнута договоренность, и продавцы цветов благополучно пересекли пролив. Через рыбака, который перевез братьев, слух об участии в этом деле госпожи Нильсен дошел до подполья, и с ней связались, чтобы узнать, не захочет ли она помочь другим скрывающимся евреям бежать от немцев. Поскольку по роду своих занятий она непосредственно встречалась с рыбаками в доках, она могла стать отличной связной между ними и подпольем. Госпожа Нильсен согласилась делать все, что сможет, и в последующие недели более сотни беженцев прошли через ее дом на своем пути в Швецию. Одно время в маленьком домике Нильсен прятались более тридцати беженцев. Младшие дети выручали, помогая кормить беженцев, заботиться о них, а двое ее старших сыновей провожали их из дома к рыболовным ботам в гавани.

После того как еврейские беженцы были благополучно переправлены в Швецию, госпожа Нильсен продолжала работать на подполье, укрывая саботажников.

В декабре 1944 г. ее схватило гестапо. Три месяца гестаповцы держали фру Нильсен в тюрьме Весто, безуспешно пытаясь заставить назвать имена тех, с кем она была связана. Из тюрьмы ее перевели в концлагерь Фреслев, где она провела три месяца до отправки в концлагерь Равенсбрюк. По прибытии в Равенсбрюк ее вызвали в комендатуру к начальнику лагеря.

ДАТСКИЙ УРОК

— Госпожа Нильсен, — начал комендант, — мы знаем, что вы участвовали в незаконной транспортировке евреев из Дании в Швецию.

Госпожа Нильсен продолжала молчать.

— Нет смысла отрицать это, — продолжал комендант, — поскольку у нас есть доказательства. Мы знаем, например, что вы спасли жизнь многим еврейским детям. Мы даже знаем имена некоторых из них.

Госпожа Нильсен не отвечала.

— Ладно, это не имеет значения, — продолжил начальник лагеря, — главное, мы чувствуем, что, поскольку вы принимали участие в транспортировке еврейских детей из Дании, целесообразно здесь, в Равенсбрюке, дать вам работу, в которой вы бы могли с пользой для дела реализовать ваш предыдущий опыт и свою заинтересованность. Таким образом, мы даем вам работу, подобную той, что вы имели в Дании — вы и здесь будете транспортировать еврейских детей.

Госпожа Нильсен не могла представить себе, что имел в виду комендант лагеря. Но вскоре она поняла. Ее назначили переносить на руках еврейских младенцев, совсем маленьких, которые еще не ходили ножками, в газовые камеры. Ее заставляли также относить их трупы в крематорий. Когда через несколько недель она отказалась выполнять эту ужасную работу, ее приговорили к смерти, и она сама трижды оказывалась на пути, ведущем к газовой камере.

В первый раз она смогла спастись, подкупив охранника куском мыла из полученной ею посылки датского Красного Креста. Во второй раз ей удалось сделать то же самое благодаря другой посылке из Дании. В третий раз ей уже нечем было подкупить охранников. Раздетая донага, обреченная на смерть, она ожидала своей очереди. Неожиданно к ней подошли немецкие охранники и сообщили, что она спасена.

Граф Фолке Бернадот* добился соглашения с Гиммлером, согласно одному из положений которого все выжившие датские узники немецких концентрационных лагерей должны были быть интернированы в Швецию.

Вместе с госпожой Нильсен спасению еврейских беженцев посвятила себя и ее соседка, школьная учительница Элис Шмидт-Петерсен. Как и фру Нильсен, фрекен Петерсен не имела ничего против немцев, пока они не начали преследование евреев. О степени ее политической наивности говорит ее реакция на новость о немецкой оккупации. Она направлялась на велосипеде из дома в свою школу в Копенгагене и по дороге встретила знакомого, который предупредил ее, что ответвление дороги впереди было закрыто для проезда из-за немецких самолетов, совершающих посадку в находящемся поблизости аэропорту Каструпа.

— Что это значит? — спросила фрекен Петерсен.

— Это означает, что немцы захватили нашу страну.

Она развернула велосипед, чтобы продолжить свой путь к школе по другой дороге. У нее не было никаких соображений по поводу того, хорошо или плохо для Дании, что немцы оккупировали страну. Она подумала, что спросит об этом, когда доберется до школы, у своих коллег. В школе она обнаружила, что большинство учителей отнеслось к этому спокойно, как к факту, с которым ничего нельзя поделать.

---

* Шведский дипломат, официальный представитель шведского Красного Креста во время Второй мировой войны, племянник короля Густава.

ДАТСКИЙ УРОК

В середине октября 1943 г. ей позвонил Кай Холбек, редактор газеты, который первым рассказал пастору Борсиниусу о датском Сопротивлении. Когда Петерсен была совсем молоденькой девушкой, она работала горничной в доме Холбека, а с тех пор как стала учительницей, поддерживала с ним отношения и часто приглашала его на чашку чая к себе в Драгер. Когда началась война, Холбек, ссылаясь на ужасную занятость, никогда с ней не встречался, но она и не настаивала, так как через общих друзей ей была известна причина — он был одним из руководителей подполья.

— Вы все еще приглашаете меня на чай? — спросил Холбек.

— Да, конечно, — ответила учительница. — Когда вы бы хотели приехать?

— Сегодня вечером. И если вы не против, я бы хотел привести с собой семерых гостей. Надеюсь, у вас найдется достаточно чая для всех нас. Как вы на это смотрите?

Фрекен Петерсен понимала, что, ответив утвердительно, она окажется вовлеченной в какой-то форме в подпольную деятельность.

— Да, — ответила она. — Разумеется, вы можете приходить. И обязательно приводите своих гостей.

Семеро гостей Холбека были датские евреи. Среди них были шестимесячная девочка и два мальчика восьми и десяти лет. Холбек пояснил, что они будут отправлены из Драгера в Швецию после полуночи. Она хотела их накормить, но все они были так взволнованны, что не могли есть. Два мальчика были особенно нетерпеливы.

— Почему нам надо ждать? — спросил десятилетний. — Почему мы не можем отправиться сразу, сейчас?

202

СПАСЕНИЕ ЕВРЕЕВ ДАНИИ

— Потому что мы должны дождаться прихода человека, который отведет нас к боту, — объяснил отец мальчика.

— А можно позвонить этому человеку?

— И что я должен сказать ему, если позвоню?

— Скажи ему, чтобы он приходил и забрал нас сейчас, — сказал сын. — Скажи ему, мы не можем больше ждать. Пожалуйста, позвони.

Фрекен Петерсен попыталась успокоить мальчика. Видя, как испуганы эти дети и ужас матери малышки, она была рада, что согласилась помочь Холбеку. Она повернулась к нему и сказала:

— Вы можете использовать мой дом для такого рода дел в любое время, когда вам надо.

В полночь появился доктор и сказал, что их бот готов, скоро начнется погрузка, и что он пришел сделать уколы трем детям. Малышам сделали уколы, и молодая учительница едва смогла вынести вид детей, казавшихся абсолютно безжизненными.

Через несколько минут после ухода доктора раздался стук в дверь. Открыв, она с ужасом увидела стоящего перед ней датского полицейского. Однако тот торопливо объяснил, что является членом движения Сопротивления и пришел отвести беженцев к боту. Троих детей, находившихся в бессознательном состоянии, завернули в пледы и на руках понесли к гавани.

После того как семеро беженцев без происшествий были уже на пути в Швецию, Холбек спросил Петерсен:

— Вы действительно уверены, что не имеете ничего против использования вашего дома?

— Да, — кивнула она.

Дом учительницы в Драгере был крошечный — две маленькие комнаты и кухня. Однако в последующие

203

несколько недель она сумела спрятать в нем более пятидесяти беженцев. Она и фру Нильсен тесно сотрудничали в этой операции. Часто, когда дом Нильсен был переполнен, беженцы укрывались у фрекен Петерсен. Некоторые беженцы прятались в ее доме в течение нескольких часов, но иногда они оставались на три или четыре дня. Однажды она прятала группу беженцев на протяжении десяти дней. Подполье передало ей продуктовые карточки, но продукты для беженцев она покупала на свои деньги. «Что такое деньги в такой ситуации? Эти расходы ничего не значат, когда речь идет о помощи людям в такое время», — сказала она.

Когда иссяк поток еврейских беженцев, она продолжала в тесном сотрудничестве с госпожой Нильсен участвовать в операциях подполья, помогая прятать и переправлять в Швецию датчан, которым было опасно оставаться в стране. Одним из первых таких людей, спрятанных в ее доме, был пастор Борсиниус.

В августе 1944 стало известно о роли фрекен Петерсен в датском Сопротивлении, и ей самой пришлось скрываться. Живя под вымышленным именем, с документами, которыми ее снабдило подполье, она переходила из одного дома своих друзей в другой до конца войны.

На вопрос, почему она помогала евреям, она отвечала: «Я считала, что это мой долг».

16

ПОСТАВЩИК ВИН

> В каждом из нас кроется огромная сила, если мы знаем, как ею воспользоваться, помогая жертвам тирании.
>
> *Жорж Клемансо*

По всей Дании люди помогали подполью успешно переправлять евреев в Швецию. В Копенгагене и поблизости от него основными организованными ячейками были книжный магазин Стаффелдта, больница Биспебьерг, Рокфеллеровский институт и «дом с голубыми занавесками» в Лууннбю. На севере основной подпольной группой был «Клуб портных-любителей». На юге действовало «Датско-Шведское агентство по делам беженцев». Помимо того, сотни беженцев, особенно в первые дни бегства, смогли сами связаться с рыбаками и с их помощью переправиться в Швецию. Но независимо от того, как еврейские беженцы добирались в конце концов до Швеции, нет никакого сомнения, что лишь немногие из них смогли бы сделать это, если бы не энергичная, благородная поддержка всего населения Дании.

Невероятный побег Бенжамина Слора, торговца винами, может служить иллюстрацией того, какая важная роль принадлежала рядовым, обыкновенным датчанам во всеобщей операции спасения евреев.

Слор приехал в Данию из Палестины вскоре после Первой мировой войны. Молодой человек хотел получить образование и стать учителем гимназии. Он успел потрудиться во многих местах в Европе, выполняя далеко не самую престижную и хорошо оплачиваемую работу, так что когда он в конце концов приехал в Копенгаген и отправился на собеседование в учебное заведение, куда подал заявление, вид у него был довольно потрепанный.

Прежде чем войти в кабинет директора, он постарался повесить свое поношенное, ветхое пальто так, чтобы его не было видно. Забирая его после собеседования, он заметил, что на месте двух оторванных пуговиц были пришиты новые, а само пальто было почищено и отпарено.

Когда он выразил свое удивление, дочь директора школы призналась ему, что, пока он разговаривал с ее отцом, она решила привести пальто в порядок, насколько, конечно, это было возможно. «Я был глубоко тронут этим, — вспоминал Слор, — и решил про себя, что это, должно быть, не только прекрасное место для учебы, но и замечательная страна, чтобы в ней остаться навсегда».

Именно это Слор и сделал. Закончив учебу, он женился на шведской девушке и вместе с женой растил детей. Он не стал учителем гиназии, а открыл торговый дом, специализирующийся на импорте вин из Палестины. Бенжамин был активным членом еврейской общины в Копенгагене и быстро приобрел известность как приятный человек с хорошим чувством юмора. Он утратил на время свое чувство юмора, когда немцы вторглись в Данию. Прежде чем попасть в Данию, он жил какое-то время в Германии и сильно опасался вероятной жестокости немцев, особенно в отношении евреев. Его беспокоила безопасность не только собственной семьи, но и тех нескольких сот молодых еврейских беженцев из Германии и Польши, которые проходили обучение в Дании в качестве халуцим.* Вместе с Юлиусом Марголинским он был организатором программы их подготовки.

В первое время после вторжения Слору казалось (как и всему еврейскому населению Дании), что немцы не намерены предпринимать какие-либо антисемитские акции. Слор выбросил из головы планы отъезда в Швецию и поощрял халуцим продолжать свою подготовку. К нему вернулось чувство юмора, и, чтобы посмотреть, насколько лояльны немцы к датским евреям, он решил открыто выставить в своем магазине бутылки с вином, привезенные из Палестины. Увидев эти вина, муж сестры высказал свое неудовольствие:

— Зачем нарываться на неприятности? — спросил шурин.

---

* Халуцим — пионеры — те, кто эмигрирует в Палестину, чтобы создать поселение или присоединиться к существующему для расчистки и сельскохозяйственного освоения земли, посадки деревьев и решений других задач, необходимых для будущего развития страны. Подготовка халуцим была составной частью программы сионистского движения.

— Я хочу посмотреть, смогу ли я разозлить их, — ответил Слор. — Может, если я их хорошенько разозлю, они не станут приходить сюда, и мне не придется иметь с ними дела.

— А может, ты их так хорошо разозлишь, — парировал, волнуясь, шурин, — что они тебя арестуют и отправят в концлагерь.

Подстрекаемый словно каким-то бесом, Слор все-таки выставил «опасную» продукцию. В середине следующего дня в магазин вошли несколько немецких солдат. Один из них поинтересовался, что это за странные надписи на бутылках.

— Это на иврите, — ответил Слор.

— Откуда они?

— Из Палестины, — ответил Слор, — из тех же мест, откуда и я приехал.

Солдат не проявил никаких эмоций. «Интересно!» — было единственное слово, которое он произнес. Купив две бутылки французского вина, он и его приятели вышли из магазина.

Немецкие солдаты еще не раз заходили в магазин Слора, но до событий 1943 г. — только чтобы купить вина.

2 октября жена Слора, родившаяся в Швеции, смогла на законных основаниях уехать туда с двумя их детьми. В тот вечер Слора навестил его приятель Вильгельм Лейфер, служащий датской полиции, поддерживающий связь между датчанами и немцами.

— Вам надо как можно скорее отправиться в Швецию, — предупредил Лейфер. — Немцы все о вас знают. Знают о поездках в Палестину и о ваших контактах там с еврейскими официальными лицами. Вы один из тех евреев, кого они больше всего хотят арестовать.

СПАСЕНИЕ ЕВРЕЕВ ДАНИИ

— Уехать в Швецию? — переспросил Слор. — Это легче сказать, чем сделать. Моя жена могла уехать туда, потому что она шведка, но я....

— Вы можете завтра же уехать, — продолжал Лейфер. — Я уже договорился с подпольем.

— Нет, я не смогу, — ответил Слор. — Мне нельзя уезжать, пока я не сделаю все, что надо, для моих халуцим.

— Вы так же упираетесь, как Марголинский, — заметил Лейфер. — Он тоже говорит, что не поедет, потому что беспокоится за своих драгоценных халуцим.

— Он молодец, — сказал Слор.

Следующие шесть недель Бенжамин Слор вел жизнь беглеца. Он никогда не оставался на ночь дважды в одном и том же месте. Каждую ночь он ночевал в другом месте. Делать это ему было нетрудно. Каждый день несколько его друзей-датчан предлагали ему ночлег.

Однако попытки Слора связаться со своими халуцим, которых спрятали на фермах в Ютландии, оказались тщетными. Фермеры, укрывавшие их, опасались провокаторов. Они знали его имя, но не были уверены, что человек, звонящий им по телефону, действительно Слор. Всякий раз, когда Слор звонил и просил позвать кого-то из халуцим, фермеры отвечали, что они не понимают, о ком он говорит.

Слор сознавал, что не может сам поехать в Ютландию и на месте помочь халуцим, но чувствовал, что для них было бы, по крайней мере, моральной поддержкой знать, что он все еще находится в Дании. Поэтому каждый раз, хотя фермеры и прикидывались не понимающими, о ком их спрашивают, он тем не менее просил передать: «Ну хорошо. Но на

209

всякий случай, скажите им, что звонил Слор и просил, чтобы они не беспокоились. Мы их вывезем из страны».

Благодаря этим стараниям, халуцим знали о том, что он в Дании, и это несомненно было для них поддержкой. Вместе с тем немцы тоже знали, что Слор все еще где-то в стране, и умножили свои усилия по его аресту. За голову Слора была назначена награда, а нацистская газета, издававшаяся в Дании, поместила на первой странице его большую фотографию, которую пересекала набранная крупным шрифтом строка: «МАЛЕНЬКИЙ БЕНЖАМИН, ТОПОР ЗАНЕСЕН!»

К середине ноября Лейфер смог сообщить Слору, что датское подполье благополучно переправило всех халуцим в Швецию.

— И теперь, — сказал он, — вы просто обязаны уехать из страны. Ваше присутствие здесь опасно не только для вас, но и для подпольных групп, с которыми вы имели контакты. Я получил указание передать вам, что, если вы не покинете страну в течение двух-трех дней, подполье снимает с себя ответственность за то, что с вами может случиться.

— Хорошо, — согласился Слор. — Если халуцим все уже в Швеции, я полагаю, что тоже могу отправиться туда.

Его перевезли для укрытия на загородную виллу в Клампенборге, в шести милях к северу от Копенгагена, и приказали не выходить из дома и ждать, пока подполье снова выйдет на связь с ним.

Пробыв четыре дня на вилле, Слор почувствовал необходимость размяться и, облачившись в рабочую одежду, вышел в сад. Он успел подрезать кустарник и косил траву на газоне, когда к усадьбе подкатила машина гестапо, и из нее выскочили несколько человек.

— Эй, садовник! — прокричал один из них. — На этой вилле прячутся какие-нибудь евреи?

— Может быть, — не растерялся Слор. — Почему бы вам не посмотреть самим?

— Спасибо, — поблагодарил гестаповец, и все они направились к дому.

Едва они вошли в дом, Слор, не имея никакого желания дать им возможность еще раз посмотреть на лицо, которое совсем недавно красовалось на первой странице их газеты, поспешил скрыться. Его спрятал в Копенгагене его друг Хенрик Шмит.

Через несколько дней в доме Шмита появился Лейфер, который сообщил Слору, что наконец удалось все устроить для его побега в Швецию. Необходимые подробности ему сообщат при встрече сегодня ровно в шесть часов вечера в ресторане «Глептотекет», что напротив Музея Древнего искусства. Ему предписывалось сесть у стойки бара, заказать две выпивки — виски и коньяк — и попросить три ложки. Он должен был опустить одну ложку в бокал с коньяком и две ложки в бокал с виски и ждать, пока подойдет человек с моноклем, который закажет виски и коньяк. Это будет человек, от которого Слор получит все дальнейшие инструкции.

В шесть вечера Слор вошел в ресторан «Глептотекет» и, следуя инструкциям Лейфера, встретился с человеком с моноклем.

— Вы Слор?

— Да. А ваше имя?

— Это не имеет значения. Вы готовы ехать сегодня ночью?

— Нет, — ответил Слор.

ДАТСКИЙ УРОК

Человек пристально смотрел на Слора через монокль:

— Почему нет?

— Мне нужен день-два, чтобы связаться с моим шурином. Он все еще в Дании, а я хочу, чтобы он уехал со мной.

— Для вас лучше всего уехать как можно быстрее. Где я смогу вас найти?

Слор дал ему адрес Хенрика Шмита.

Спустя два дня Слор получил твердое предупреждение от подполья: независимо от того, смог он или не смог связаться со своим шурином, он должен был отправиться в Швецию в тот же вечер. К счастью, он уже успел встретиться с шурином, и тот был полон желания уехать вместе с ним. Перед отъездом Слора и его родственника навестил человек с моноклем и передал им последние инструкции. Эти инструкции показались Слору странными и даже опасными, но он пообещал следовать им, доверяя указаниям подполья.

Согласно первой инструкции надо было сесть в поезд, уходящий в полночь в Берлин. Как пояснил агент, это для того, чтобы избавиться от слежки. Немцам никогда не придет в голову искать Слора в поезде, где основными пассажирами были немецкие военнослужащие, возвращающиеся домой.

Полночь застала Слора и его шурина в толпе немцев. В этом специальном ночном поезде на Берлин ехало еще несколько датчан, но большинство пассажиров были немецкие солдаты и немецкие гражданские работники, связанные с оккупационными войсками. Когда поезд отошел от станции, немецкий офицер, сидящий напротив Слора, улыбнулся и сказал: «Ну теперь уже недолго». Слор улыбнулся в ответ. У

212

шурина же вдруг случился приступ кашля, продолжавшийся несколько минут. Поезд катил в направлении немецкой границы, и Слор беспокоился, смогут ли они с шурином выполнить вторую часть полученных инструкций. До их исполнения предстояло случиться тому, что зависело не от них, — поезд должен был «потерпеть крушение».

Немного не доезжая до города Хорлева в южной Зеландии, находящегося примерно в 25 милях к югу от Копенгагена, поезд внезапно остановился, причем так резко, что пассажиры попадали со своих кресел. По вагонам пронеслось слово «саботаж», и Слор вместе с шурином, следуя инструкциям человека с моноклем, вышли наружу, чтобы посмотреть, что случилось. Поезд остановился посреди густого леса. Слор и его шурин подошли к паровозу. От него валил дым и пар. В отличие от других пассажиров, это их мало интересовало. Они внимательно вглядывались в подступавший слева к рельсам лес, откуда, как им было сказано, они должны получить условный сигнал. В темноте леса они вдруг заметили две короткие вспышки карманного фонаря, словно кто-то быстро дважды включил и выключил его. Они подождали несколько минут. Сигнал повторился. Пользуясь тем, что внимание всех было приковано к машинисту, который орал во всю глотку на кочегара, они нырнули в лес по левую сторону от железнодорожного полотна. Если бы сигнал был подан один раз, им надо было бы войти в лес с правой стороны. По инструкции Слор должен был пробираться прямо вперед через лес, но из-за непроглядной тьмы он не был уверен, что они двигаются в правильном направлении. Примерно минут двадцать спустя их осветил луч карманного фонаря.

— Слор?

ДАТСКИЙ УРОК

— Да.

Из темноты выступил вперед человек.

— Валентин Расмусен, продавец пива.

Они обменялись рукопожатием.

Беглецы следовали за продавцом пива около получаса, пока не подошли к его небольшому дому. Расмусен представил гостей жене, которая уже накрывала на стол. Но оба были так измучены, что, извинившись, отказались от еды и сказали, что не чают, когда доберутся до постели. Расмусен проводил обоих в их комнату. Но уснуть им не удалось. Громкий спор за стеной между Расмусеном и его женой мешал им. Они не могли разобрать слов, но шурин Слора подозревал, что жена хозяина, посчитав присутствие беглецов в ее доме опасным, может передать их в руки гестапо. Слор же был настолько измучен, что попросту отмахнулся от страхов шурина. В конце концов спор прекратился и оба беглеца заснули.

На следующее утро за обильным завтраком Расмусен поинтересовался:

— Вы слышали наш спор минувшей ночью?

— Мне кажется, я припоминаю какой-то разговор на повышенных тонах, — ответил Слор, — но я слишком устал, чтобы обращать на это внимание.

— Моя жена выговаривала мне, — признался Расмусен. — Она упрекала меня, что я привел вчера только вас двоих, а обещал привести четверых еврейских беженцев. Понимаете, сначала я должен был привести четверых. Ведь в поезде, на котором вы ехали минувшей ночью, вас было четверо.

— А что же случилось с остальными двумя? — спросил Слор.

— О, с ними все в порядке. Наши планы в последний момент были изменены, и тех двоих взяли в дом доктора, что неподалеку.

214

СПАСЕНИЕ ЕВРЕЕВ ДАНИИ

По форменной кепке и фартуку Слор определил, что Расмусен был продавцом пива заводов Карлсберга.

— У вас найдется еще одна фирменная кепка и фартук «Карлсберга»? — спросил Слор.

— Найдется. А зачем?

— Если вы одолжите их мне, я помогу вам продавать пиво, — ответил Слор.

— Ты что, сошел с ума! — воскликнул шурин. — Мы должны скрываться в этом доме, пока не подойдет время отправиться на бот.

— Ты можешь оставаться в доме, если хочешь, — ответил Слор, — но я сойду с ума, если буду сидеть взаперти.

Следующие четыре дня надевший форменную кепку и фартук «Пиво Карлсберга» Бенжамин Слор помогал Расмусену загружать ящики с пивом в его грузовик и развозить по местным магазинам.

На пятую ночь пребывания Слора и его родственника у Расмусенов раздался громкий стук в дверь, разбудивший весь дом. Расмусен открыл дверь и впустил трех местных жителей — врача, адвоката и учителя. После короткого разговора он проводил их в комнату Слора.

— С одним из двух еврейских беженцев, которые спрятаны у меня в доме, случилась истерика, — сказал доктор. — Мы не можем его успокоить и боимся, что он покончит с собой. У него есть капсула с ядом. С ним сейчас моя жена, а мы пришли просить вас помочь нам. Может, вы поговорите с этим человеком?

Слор быстро оделся и пошел за доктором.

Когда они пришли в дом, Слор увидел старика, который горько плакал.

— Я хотел бы остаться с ним наедине, — сказал Слор.

215

ДАТСКИЙ УРОК

Все вышли из комнаты, а Слор присел на край кровати старика.

— Вы говорите на идише?

— Да.

— Что случилось?

— Я боюсь. Я хочу покончить с собой, но мне не хватает мужества.

— Зачем вы хотите убить себя?

— Это лучше, чем попасть к немцам.

— Но ведь до сих пор немцам не удалось вас схватить.

— Но я боюсь, что им это удастся. Я не понимаю, что происходит. Почему все эти люди, совершенно незнакомые, хотят помочь нам? Может, один из них выдаст нас немцам.

— Но ведь до сих пор они же не выдали.

— Не выдали, это вы правы.

— Я предлагаю вам сделку, — сказал Слор. — В данный момент вы слишком взволнованы и можете натворить бог знает что. Послушайте, мы ведь в этой передряге все вместе. Мы же вместе будем пытаться добраться до Швеции. Отдайте мне яд. Даю вам слово, если немцы нас схватят, я верну его вам.

Старик раскрыл сжатый кулак. Слор забрал капсулу с ядом.

Спустя несколько дней после этого происшествия Расмусен предупредил Слора, что через несколько часов его вместе с шурином перевезут на бот в Хорлеве. Приехал лютеранский пастор, чтобы благословить их перед дорогой.

— Шалом! Шалом! — обратился он к ним с традиционным еврейским приветствием и затем продолжил на иврите: — Благослови вас бог и сохрани!

— Потом он перешел на датский и, обращаясь не-

216

посредственно к Слору, сказал: — Я буду молиться за скорейшую нашу встречу здесь, в Дании, на *нашей* земле.

Слор, его шурин и двое еврейских беженцев, что скрывались в доме доктора, были спрятаны в грузовике для перевозки скота. Никогда не видевший их ранее фермер отвез их к небольшому рыбацкому боту в Хорлеве. Никогда не видевший их ранее рыбак перевез их в Швецию.

17

ПЕРЕПРАВА

Придет ли час моей свободы?
Пора, пора! — взываю к ней;
Брожу над морем, жду погоды,
Маню ветрила кораблей.

А. С. Пушкин

Существует столько историй бегства, сколько было переправ, а переправ было свыше тысячи. В некоторых случаях это было делом нескольких минут на быстроходном боте. В других случаях — занимало по нескольку часов, и беглецы были заперты в неудобных, переполненных трюмах.

Когда немцы поняли, что подавляющее большинство датских евреев бежали в Швецию на рыболовецких судах, они стали проводить рейды по ботам, используя собак. Для преодоления этой опасности датский ученый в Мальме придумал порошок — смесь высушенной человеческой крови и кокаина, который при распылении на палубе судна полностью парализовал обоняние собак. Помимо того, небольшое количество порошка засыпали в тщательно сложенные носовые платки, которые раздавались датским мореходам. Как только на борту появлялись немцы со своими собаками, моряки доставали платки и начинали сморкаться. Легкий серый порошок просыпался на палубу. Это простое вещество, распыляемое по палубам или высыпанное из носовых платков, срабатывало с поразительным успехом. Немцы никогда не смогли установить, почему их отлично тренированные полицейские собаки в этом случае оказывались совершенно неэффективны.

Еврейских беженцев из Дании перевозили в Швецию в основном на небольших рыбацких ботах. Изредка использовались более крупные суда или обычные лодки.

Одна еврейская семья добралась до Хорибека, где надеялась договориться о переправке на рыбацком боте в тот же вечер. К сожалению, ни одного свободного бота не оказалось. Пав духом, они отправились из доков в небольшой ресторанчик, где довольно громко говорили о своих делах. «Но куда мы денемся сегодня ночью?! — воскликнула мать семейства. — Кто нас спрячет? Мы не можем так жить. У меня больше нет сил. — Она обхватила голову руками и заплакала.

За соседним столиком сидели двое молодых людей, наблюдавших эту сцену. Один из них подошел к отчаявшейся семье.

— У вас, я вижу, неприятности из-за немцев? — спросил он.

ДАТСКИЙ УРОК

— Да.

— Вы евреи?

— Да.

— Если вы согласны рискнуть, мы с другом перевезем вас на нашей весельной лодке через пролив в Швецию.

— Когда?

— Да хоть сейчас.

Через семь часов они были в Швеции.

Госпожа Ине Йенсен с двумя полуторагодовалыми девочками-близнецами, Марианной и Бригитой, была среди тех, кто попытался пересечь пролив и добраться до Швеции на весельной лодке. Обеим малышкам был сделан укол, чтобы они крепко спали во время переправы, но переход через пролив занял намного больше времени, чем ожидалось, и примерно через шесть часов, когда действие лекарства закончилось, Марианна начала громко плакать. Пассажиров в лодке обуял страх. Все боялись, что плач ребенка может привлечь внимание немецкого патрульного судна. Госпожа Йенсен отчаянно старалась успокоить девочку, но безуспешно.

Внезапно один из пассажиров обернулся к ней и сказал:

— Вам придется выбросить ее из лодки.

Госпожа Йенсен крепко прижала Марианну к себе.

— У вас нет иного выбора, — продолжал мужчина. — Иначе нас всех могут схватить.

К неописуемому ужасу госпожи Йенсен, другие пассажиры поддержали его.

Госпожа Йенсен закрыла ладонью рот Марианны, но та старалась освободиться и продолжала кричать. Наконец пассажир, который начал весь этот разговор, вырвал девочку из рук матери. Госпожа Йенсен

220

пыталась протестовать, но другие пассажиры схватили ее и держали, в то время как он сунул головку ребенка себе под пальто, не давая ему дышать. Как только девочка затихла, он передал ее обратно рыдающей матери. Казалось, ребенок был мертв.

Прошло еще несколько часов, и стало ясно, что они сбились с пути. Гребцы бросили весла, и лодка тихо качалась на волнах. Вдруг они заметили в отдалении огни патрульного корабля. Не зная, был это шведский или немецкий корабль, но чувствуя, что у них нет другого выхода, беглецы решили рискнуть, подав сигнал о помощи. На счастье, это оказался шведский военно-морской корабль, который забрал беженцев к себе на борт и доставил в ближайший шведский порт. Марианну сразу же увезли в больницу, где в течение нескольких недель она оставалась в критическом состоянии. К счастью, ее удалось выходить, сохранив разум и относительное здоровье, но в будущем ее ожидали тяжелые последствия от того, что с ней произошло в полуторагодовалом возрасте в октябре 1943 г.

Готовность удушить ребенка на самом деле показывает, до каких крайних пределов ужаса, страха и отчаяния бывали доведены беженцы.

Мендель Катлев, кожевник, чью семью спас кондуктор поезда, столкнулся во время переправы с тем же, что и госпожа Йенсен, — плач его сына угрожал сорвать побег других беженцев.

Ночью 4 октября 1943 г. Катлевы вместе с пятнадцатью другими еврейскими беженцами пробирались вдоль пляжа к рыболовному боту, который должен был забрать их в Швецию. Старший семилетний сын Катлева шел вместе с матерью, а отец нес на руках младшего, которому было два с поло-

221

виной года. Уколы снотворного еще не вошли тогда в практику, и отец делал все возможное, чтобы успокоить ребенка.

— Задуши его, — сказал один из беженцев. — Ради всего святого, задуши его, или нас всех схватят немцы!

— Да я скорее тебя задушу, — ответила госпожа Катлев.

Тем не менее родители сознавали, что если они не смогут успокоить мальчика, то найдутся среди беженцев такие, кто возьмет дело в свои руки.

«Мне ничего не оставалось делать, — рассказывал вспоследствии Катлев, — как попытаться слегка придушить его. Я не душил его сильно. Лишь чуть-чуть. Боже сохрани, я не хотел его убить, я хотел, чтобы он потерял сознание».

Катлевых вместе с другими беженцами втиснули в трюм небольшого рыболовного бота, и их переход через пролив начался. Судно сильно качало, и у госпожи Катлев начался тяжелый приступ морской болезни. Одна из пассажирок протянула ей бутылку камфары и посоветовала понюхать. Неправильно ее поняв, госпожа Катлев выпила камфару, после чего почувствовала головокружение и ей стало еще хуже.

Наконец судно достигло территориальных вод Швеции, и беженцам разрешили выбраться на палубу. Госпожа Катлев, у которой еще не прошло головокружение после выпитой камфары, поскользнулась и упала за борт. Один из пассажиров тут же бросился в море за ней. Ему удалось подхватить ее и благополучно доплыть до судна, где перепуганный муж и несколько других пассажиров втянули их обратно на палубу. Человеком, спасшим госпожу Катлев, оказался тот мужчина, который требовал задушить их кричащего сына.

СПАСЕНИЕ ЕВРЕЕВ ДАНИИ

И все-таки трудное и малоприятное плавание через пролив для семьи Катлев было не столь трагичным, как для их родственников, семьи Кипик, в составе которой было восемь человек. Все они находились в лодке, которую тянул за собой рыболовный бот, переполненный беженцами. В миле от шведского берега с ними столкнулся шведский патрульный корабль, и вся эта семья утонула. Только их младший сын сумел доплыть до берега.

Беженцев обычно размещали в трюмах, но в некоторых случаях их прятали в больших ящиках и коробках, которые грузились на судно подъемными кранами и предназначались для доставки в Швецию. В таком способе транспортировки еврейских беженцев участвовал агент подполья, репортер уголовной хроники Карл Нэш Хендриксен. Однажды, после того как четыре ящика с беженцами внутри уже были погружены на борт, а мать с десятимесячным младенцем готова была разместиться в пятом ящике, ребенок начал плакать. Опасаясь, что плач может привлечь внимание немцев, Хендриксен дал ребенку выпить шнапс, который мгновенно его усыпил. Затем ящик с матерью и младенцем был поднят краном для загрузки на борт. Как раз в тот момент, когда он раскачивался над палубой, появились трое немецких солдат с полицейской собакой. На судне была распылена порошковая смесь, так что собака не смогла учуять ничего подозрительного, но немцы захотели узнать, что это Хендриксен собирался делать со шнапсом.

— А я держу его как раз на тот случай, если вы подойдете, — ответил он. — Я ведь знаю, как вам, немцам, нравится хороший датский шнапс. Пошли, я покажу вам место, где он стоит сущие пустяки. — И он повел их в таверну неподалеку.

ДАТСКИЙ УРОК

Пока Хендриксен спаивал в таверне немцев, бот с беженцами отплыл в направлении Швеции.

Во всех операциях переправки беженцев в Швецию с рыбаками тесно сотрудничали жители поселков и городков вдоль всего побережья. Эти горожане и фермеры прятали евреев, пока рыболовные боты не были готовы взять их на борт для перевозки в Швецию, а иногда делали и многое другое для них. Хенрик Грюнбаум мог на собственном опыте убедиться, до какой степени местные жители были готовы рисковать своей жизнью, чтобы помочь евреям. В октябре 1943 г. Грюнбаум, профсоюзный деятель, прятался вместе со своей семьей и десятью другими беженцами в доме рабочего стекольного завода под Копенгагеном. Подполье установило контакт с одним из рыбаков, договорившись о перевозке беженцев в Швецию, но, когда те появились в доке, рыбак заявил, что отказывается их перевозить. «Это слишком опасное дело», — сказал он. Упавшие духом, неожиданно потерявшие надежду, беженцы побрели назад к дому стеклодува. Узнав, что произошло, тот пришел в ярость и направился к рыбаку попытаться его переубедить. Он вернулся через полчаса и радостно объявил, что, хотя рыбак так и не согласился перевезти беженцев, он, однако, разрешил использовать свой бот.

— А вы знаете, как это делается? — спросил Грюнбаум.

— Я могу прочитать, — сказал стеклодув, помахивая инструкцией, которую ему дал рыбак.

— Вы хотите сказать, что вам раньше никогда не приходилось водить бот? — спросил Грюнбаум.

— Не такого размера, — признался стеклодув. — Но рыбак дал мне эту книжку с описанием, по кото-

СПАСЕНИЕ ЕВРЕЕВ ДАНИИ

рой, он считает, я вполне смогу разобраться, как управлять его ботом.

Грюнбаум и другие беженцы посовещались и решили не принимать смелое, но безрассудное, по их мнению, предложение. Выслушав их решение, стеклодув разозлился.

— Что с вами происходит, евреи? — закричал он. — Вы что, годитесь только на то, чтобы быть трусливыми портными и сапожниками? У вас есть хоть капля мужества? Если я готов рисковать, беря вас, почему вы не хотите рискнуть со мной?

— Я тоже отправлюсь с вами, — заявила жена стеклодува.

— И я тоже, — вступил в разговор его шестнадцатилетний сын.

Все это привело в смущение Грюнбаума и других пассажиров.

— Я хотел бы видеть этот бот, — обратился Грюнбаум к стеклодуву.

Оба вышли из дома и в темноте через пятнадцать минут дошли до гавани. Там оказались двое датских полицейских. Грюнбаум попятился.

— Не пугайтесь, с ними все в порядке, — успокоил стеклодув.

— Вы уверены? — спросил Грюнбаум.

— Поговорите с ними сами.

Грюнбаум приблизился к ним.

— Вы знаете, почему этот бот здесь? — спросил он.

— Знаем, — ответил один из полицейских. — Чтобы переправить еврейских беженцев в Швецию.

— И вы ничего не собираетесь делать по этому поводу?

— А почему нам надо что-то делать?

225

Грюнбаум оглядел бот. Это было парусное судно с мотором. «Возможно, стеклодув сумеет управиться с ним», — подумал он.

Когда они вернулись домой, Грюнбаум объявил беженцам, что, по его мнению, им всем надо немедленно отправляться на бот. Лил сильный дождь. Беженцы, включая стариков и детей, всю дорогу к докам шли гуськом. Дважды им пришлось прятаться в кустах от проходивших немецких солдат. Они насквозь промокли и были все в грязи. Переходя по сходням с дока на борт судна, один из стариков свалился в воду и чуть не утонул. К счастью, жене Грюнбаума и нескольким другим беженцам удалось его вытащить.

Жена стеклодува и сын сопровождали беженцев. В течение получаса все трое сосредоточенно изучали инструкцию по судовождению, но так и не смогли завести мотор. В конце концов, отчаявшись, они бросили это занятие и сумели наполовину поднять парус. Бот дрогнул, а спустя несколько минут каким-то чудом заработал мотор. Дальнейшее путешествие, к счастью, прошло без приключений.

Естественно, не все переправы через пролив в Швецию были столь опасны. Но даже при самых благоприятных обстоятельствах это путешествие редко оказывалось легким и простым. То, что практически все евреи Дании были благополучно переправлены в Швецию, — потрясающее свидетельство того мастерства и самоотдачи, с которыми датчане осуществили всю эту операцию спасения.

ГЛАВА IV
ПОСЛЕДСТВИЯ

18

СХВАЧЕННЫЕ

> Пройдут тысячи лет, но вина Германии не будет стерта.
>
> *Ганс Франк**

Не все восемь тысяч евреев Дании были благополучно переправлены в Швецию. Немцы смогли арестовать 472 человека и отправить их в концентрационный лагерь Терезин. Среди арестованных оказались Ралф Оппенгейм, студент юридической школы, Бенжамин Кюрзен, инженер, и Сила Коен, молоденькая девушка.

Вскоре после решения немцев устроить облаву на евреев Дании Оппенгейм вместе со своей сест-

---

* Бывший немецкий генерал-губернатор оккупированной Польши. Нюрнбергский процесс. *(Примеч. автора.)*

227

ДАТСКИЙ УРОК

рой и родителями бежали и спрятались в летнем доме друзей в Рунгстеде, небольшом городке на побережье между Копенгагеном и Хельсингером. Они установили контакт с рыбаком, который согласился переправить их на своей лодке в Швецию через пролив шириной две с половиной мили. Переход должен был занять три-четыре часа, но из-за тумана и сильного шторма он продолжался значительно дольше. Вдобавок ко всему после нескольких часов плавания в лодке обнаружилась течь.

Рыбак и Оппенгейм сняли обувь и пытались вычерпывать ботинками воду, но лодка наполнялась водой быстрее, чем они могли ее вычерпать. Ситуация казалась безнадежной, но, к счастью, их заметили с большого датского рыболовного траулера, который и взял их к себе на борт. От капитана траулера они узнали, что находились всего в двадцати минутах хода от шведского берега. Оппенгейм открылся капитану, что все они — еврейские беженцы, и умолял его отвезти их в Швецию. Капитан отказался сделать это на том основании, что поступить так было бы противозаконным делом. Тем не менее он согласился отвезти их в Орхус, в Ютландии, куда и направлялся его траулер.

Когда через несколько часов они прибыли в Орхус, на пристани семью Оппенгейм ожидали гестаповцы. Капитан рыболовного судна, датский нацист, заблаговременно уведомил гестапо. Увидев поджидавших гестаповцев, Оппенгейм раздал жене и детям маленькие бутылочки с ядом, которые он раньше получил от их семейного врача, и вся семья предприняла попытку покончить жизнь самоубийством, проглотив содержимое этих бутылочек.

Немцы заметили, что произошло, и, как только бот причалил к пристани, спешно доставили всех членов

228

СПАСЕНИЕ ЕВРЕЕВ ДАНИИ

семьи в местную больницу, где им сделали промывание желудков. Ралф Оппенгейм пришел в сознание через четыре дня. Он узнал, что его сестра и родители, которые также были спасены, пришли в сознание днем раньше. Из больницы в Орхусе семья была переведена в концлагерь, находившийся в Гесере, в Дании. Здесь комендант лагеря сообщил Ралфу: «Арест вас, евреев, вызвал некоторые волнения в Копенгагене. Студенты устроили забастовку, университет был закрыт всю неделю, поступают многочисленные протесты от служителей церкви и бизнесменов. Я не знаю ни одной страны, где происходило бы нечто подобное. Лично я не одобряю методы, которыми преследуются евреи. Я разумный человек. Но в то же время я офицер Вермахта, и я должен выполнять приказы. Я уверен, вы понимаете».

После двух недель пребывания в Гесере семья Оппенгейм вместе с десятками других датских евреев, схваченных немцами, была переправлена на пароме в город Варнемюнде в Германии, где их поместили в вагоны для перевозки крупного рогатого скота, в которых они должны были быть доставлены в Терезин. Еврейских пленников заталкивали в эти вагоны, подгоняя прикладами и плетками, а вокруг стояли десятки немцев всех возрастов, которым все происходящее казалось занимательным зрелищем.

Ралфа потрясло, что немецкое гражданское население не выразило никакого осуждения по поводу жестокого обращения охранников с узниками. Наоборот, немцы плевали в евреев, называли их «отбросами мира», «еврейскими свиньями» и осыпали непристойной и грязной бранью. Ралф никогда не представлял себе до этого момента, насколько антисемитизм был повальным заболеванием для немецкого народа в целом.

229

ДАТСКИЙ УРОК

Двери вагонов наглухо задраили, и Ралф не мог определить точное количество дней, которое они провели в пути до Терезина, но он полагал, что это заняло от двух до четырех дней. В течение всего этого времени двери вагонов ни разу не открывались, не было ни еды, ни воды и не было места для отправления естественных надобностей. Зловоние стояло невыносимое, людям не хватало воздуха. Ко времени прибытия в Терезин в вагоне Ралфа было уже пятнадцать мертвых тел. Его собственная семья выжила.

Как и семья Оппенгейм, Бенжамин Кюрзен и его жена были схвачены по доносу датского нациста. «Клуб портных-любителей» устроил все необходимое для посадки семьи Кюрзена на рыбацкий бот в Гилелайе. Когда они прибыли, им сказали, что в гавани находятся гестаповцы и что им надо спрятаться на какое-то время. Их отвели в церковь в Гилелайе и устроили на чердаке. Других беженцев, которые должны были уехать в тот вечер из Гилелайе, также привели в эту церковь, и к шести часам вечера на чердаке церкви оказалось уже шестьдесят два беженца.

Агент подполья заверил их, что им ни о чем не следует беспокоиться, что будет сделано все необходимое, чтобы убрать гестапо из гавани и дать возможность беженцам погрузиться на суда. В ответ на вопросы беженцев о деталях этого плана им сказали, что будет подан ложный сигнал воздушной тревоги, который вынудит гестаповцев покинуть свои посты и тем самым открыть дорогу для беженцев. Это объяснение успокоило их страхи, и они улеглись на полу чердака в ожидании сигнала воздушной тревоги.

Им не довелось услышать этот сигнал. Датский осведомитель, заметивший большой наплыв людей в церковь Гилелайе, позвонил шефу гестапо Йодлю в Хельсингер.

СПАСЕНИЕ ЕВРЕЕВ ДАНИИ

В ожидании вместе с другими ложной воздушной тревоги Кюрзен устроился у чердачного окна и время от времени поглядывал в него. Через несколько часов он заметил то, от чего у него перехватило дыхание: группы немецких солдат устанавливали пулеметы на лужайке перед церковью. Не желая сеять панику, он молчал и с ужасом наблюдал, как прибыли несколько грузовиков с вооруженными до зубов солдатами и окружили церковь. Наконец раздался громкий стук внизу у двери в церковь. Беженцев обуял страх. Они громко обсуждали, кто бы это мог стучать. Если это были подпольщики, размышлял один из беженцев, у них конечно же были бы ключи, чтобы открыть запертые двери. Кюрзен не мог сразу собраться с духом и объявить, что он увидел в окно. Он не мог произнести ни слова, пока снаружи один из солдат не прокричал: «Если вы не откроете дверь, мы откроем ее сами!». Только тогда Кюрзен произнес: «Бесполезно. Это немцы. Надо открыть дверь. Нам придется сдаться самим».

Молоденький парнишка, сидевший рядом с Кюрзеном, вскочил на ноги. «Только не я!» — воскликнул он. С ловкостью мартышки он взобрался на колокольню над чердаком и спрятался среди колоколов. Он оказался единственным, кому удалось бежать. Все остальные были схвачены и отправлены в Терезин.

В отличие от Оппенгеймов и Кюрзенов, Сила Коэн и ее семья попали в лапы к немцам не по доносу осведомителя, а по глупости агента подполья. Узнав о немецком рейде, госпожа Коэн и ее муж, торговец мясом, вместе с ее родителями нашли тайное убежище в летнем домике знакомого, в городке неподалеку от Копенгагена. 5 октября за ними приехал молодой связной подполья, чтобы отвезти их

ДАТСКИЙ УРОК

на машине в Гострупе, город на побережье, примерно в двадцати минутах езды к югу от Копенгагена.
Там, по словам связного, их будет ожидать бот для
переправки в Швецию. В 11 утра они были уже в
Гострупе и припарковались в квартале от пристани. Через лобовое стекло машины госпожа Коэн могла видеть беженцев, поднимающихся на борт судна, пришвартованного к пристани.

— Это то судно, на которое мы должны попасть?
— спросила она.

— Да, — ответил связной.

— Ну так почему мы не идем к нему?

— Еще не время. Должен быть еще человек, которого мы должны дождаться, прежде чем отправиться на бот, — девушка, коммунистка, которую разыс-
кивает гестапо.

Прошло десять минут, а девушка не появлялась.
Госпожа Коэн и ее родственники забеспокоились.

— В котором часу девушка должна была появиться здесь? — спросила она.

— Она опаздывает, — ответил связной. — Она
должна была быть здесь в одиннадцать часов и уже
ждать нашего прибытия.

— А нельзя ли нам занять свои места на борту, не
дожидаясь ее?

— Нет. От меня требуется привести вас всех пя-
терых вместе. Мы должны ее дождаться. Я должен
отъехать отсюда, чтобы не возбудить подозрений.

Следующие сорок минут они кружили по кварта-
лу, тщетно высматривая девушку-коммунистку. Коэны волновались все больше и больше. Госпожа Коэн сознавала, что постоянное кружение по кварта-
лу не избавляло от подозрений, а скорее вызывало
их. На протяжении примерно первых двадцати пя-

ти минут каждый раз, когда машина огибала квартал и доезжала до места, откуда был виден бот, она замечала одного-двух новых беженцев, украдкой проскальзывающих на судно. После этого, похоже, никто не проникал на бот.

— Похоже, больше никто не садится на судно, — обратилась госпожа Коэн к связному. — Быть может, оно готово к отплытию. Может так случиться, что мы упустим его.

— Не беспокойтесь, — ответил связной. — Оно не уйдет без вас.

Фру Коэн нервничала все больше и больше. Если немцы остановят их машину, то по длинной седой бороде ее отца они сразу догадаются, кто они. Она и муж, как могли, старались убедить молодого подпольщика дать им возможность сесть на бот.

— Ладно, — согласился наконец он. — Мы подождем здесь еще пять минут, и, если эта бестолковая девица не появится, вы все можете выходить из машины и отправляться на бот.

Они остались на парковке в квартале от пристани. Но прежде чем истекли пять минут, немецкий солдат распахнул дверь их машины и, направив свой автомат на пассажиров, приказал всем выйти.

— Вы евреи, не так ли? — спросил он.

Они не отвечали.

— И вы здесь для того, чтобы попытаться удрать в Швецию?

— Что вы хотите от нас? — умоляюще спросила госпожа Коэн. — Что мы вам сделали плохого? Почему вы не позволяете нам уехать?

— Руки вверх! — гаркнул солдат.

В то время, когда другие подняли руки, господин Коэн сунул руку в карман и достал кошелек.

ДАТСКИЙ УРОК

— Я отдам вам все наши деньги, — сказал он, — только, пожалуйста, отпустите нас.

Солдат взглянул на деньги и, похоже, какой-то момент размышлял, не взять ли ему их. Решение было принято за него тут же подошедшим немецким офицером.

— Евреи? Пытаются бежать? — спросил офицер.

— Так точно, — подтвердил солдат.

Коэн протянул свой кошелек офицеру:

— Возьмите деньги, — умолял он. — Вы оба, возьмите деньги. Вы сможете поделить их между собой.

— Убери это, — резко оборвал офицер. — Взятка — это преступление для того, кто ее предлагает, и для того, кто ее берет.

— Можете вы отпустить нас? — спросил Коэн.

— Разумеется, я не могу вас отпустить. Но ваши страхи нелепы, — продолжал офицер. — Вам нечего опасаться. Вы думаете, мы звери? Вы считаете, мы не люди? Разве я похож на палача или убийцу? Вы должны выбросить из головы всю пропаганду, все слухи и ложь, которые вы слышали о нас. Вы знаете, что вам предстоит? Вас собираются направить в трудовой лагерь в Германии, где ваши силы будут направлены на продуктивную работу. Вот и все, что с вами будет.

Их заключили в тюрьму Весто, где Силу Коэн несколько дней держали отдельно от мужа и родителей. Она присоединилась к ним снова в концлагере, находившемся в Гесере, в Дании. Затем семья Коэн, как и семьи Опенгейм и семья Кюрзен, была отправлена в Терезин.

Концентрационный лагерь Терезин служил нацистам в качестве образцовой модели — сюда привозили не только датских евреев, но и тех, кого немцы

234

СПАСЕНИЕ ЕВРЕЕВ ДАНИИ

рассматривали как еврейскую элиту — евреев из всех оккупированных Германией стран, да и из самой Германии. Из Германии были доставлены те евреи, которые отличились во времена кайзера и Веймарской республики своими достижениями в науке и героизмом во время Первой мировой войны. Многие из немецких евреев потеряли конечности, сражаясь за Германию во время Первой мировой войны, и были награждены Железным крестом.

Примерно для 10 тысяч доставленных в Терезин, в том числе для всех датских евреев, этот лагерь должен был остаться единственным концлагерем, где им предстояло находиться. Примерно для 300 тысяч других узников концлагерь Терезин служил лишь остановкой на их пути в лагеря смерти: Освенцим, Ноенгамм, Берген-Белзен, Бухенвальд и Дахау.

В этом лагере было четыре крематория, работавших день и ночь, и небольшая крепость, где пытки и убийства стали повседневностью.

Сразу же по прибытии в Терезин Оппенгеймы, Кюрзены и Коэны, вместе с их датскими товарищами по заключению, получили сигареты и были встречены профессором Полом Эпштейном, немецким евреем, социологом, который представился как «мэр» лагеря. Затем их отвели в лагерную столовую, где они сытно поели за столами, покрытыми белыми скатертями. Во время десерта им раздали листы бумаги и конверты с марками и предложили написать письма своим друзьям в Дании об условиях в лагере. Когда письма были написаны и отобраны у них, им предстояло встретиться с реалиями той жизни, которая была уготована им в Терезине. В этих реалиях не будет ни скатертей, ни достаточно еды. Их повседневный рацион будет состоять из эрзац-кофе

235

на завтрак, картофельного супа, временами содержащего частичку нераспознаваемого мяса, на обед и картофельного супа или эрзац-кофе на ужин.

Через несколько дней после их прибытия в лагерь им показали, что будет с ними, если они осмелятся протестовать против такого питания, —пятнадцать еврейских юношей и девушек из Чехословакии, которые выразили протест, были публично повешены в центре лагеря.

Вскоре после прибытия в Терезин датчане стали свидетелями не только казни молодых чехов, но и ряда других событий, которые служили примером того, какой должна была быть жизнь в этом «образцовом» лагере. Из Дании прибыло 472 человека. Чтобы их разместить, немцы отправили в Освенцим еврейских детей из нескольких бараков.

11 ноября 1943 г., в День перемирия* всех узников Терезина заставили отстоять двадцать часов в открытом поле — это была кара за унижение, которому Германия подверглась после поражения в Первой мировой войне. Во время этого тяжкого испытания многие свалились, а несколько стариков умерли.

Затем эсэсовцы придумали в отношении стариков то, что они назвали «бесплатное развлечение для всех». В открытом поле они выстроили около сотни самых старых заключенных. Многие из них были настолько больны и немощны, что могли оставаться в вертикальном положении, только поддерживая друг друга, стоя спиной к спине. Эсэсовские офицеры приказали старикам бить друг друга. Когда старики поначалу отказались, офицеры начинали избивать их.

---

* 11 ноября 1918 г. было подписано перемирие, положившее конец Первой мировой войне.

Из страха, что их покалечат, старики начали наносить удары друг другу. Эсэсовцы орали, что этого недостаточно, что надо бить сильнее — и показывали, как именно сильнее, — после чего старики уже не могли подняться. Как вспоминает один из узников, безумие охватило этих старых людей, и «они вкладывали все свои силы в удары, которые наносили друг другу».

Каждый день приносил новые ужасы. Художнику из Голландии, которого немцы застали делающим карандашные наброски жизни в Терезине, нацистский врач отрезал все пальцы.

Датские пленники, как и другие заключенные, были определены на работы в Терезине. Обязанностью Ралфа Оппенгейма было доставлять трупы в крематорий, а после их сожжения выбрасывать оставшийся пепел в реку. Кюрзены были на физических работах. Силу Коэн назначили помощником врача, а ее мужа определили работать с пневматическим буром.

В течение первых недель в Терезине датские пленники страшно исхудали, более тридцати из них умерли. Сила Коэн, после того как рухнула без сознания на работе, была определена в лагерную больницу, где она потом работала. В палате, куда ее поместили, ее раздели для медицинского осмотра. Когда больные увидели ее обнаженное тело, те, кто мог передвигаться, подошли и начали ее трогать. Поначалу это испугало ее, но затем она поняла, что они были потрясены ее солнечным загаром. Она провела лето на пляже в Рунгстеде, и кожа все еще сохраняла загар. «Они хотели ощутить сами это чудо — загорелую кожу, — писала она позднее. — Они не меня хотели

ДАТСКИЙ УРОК

коснуться, они хотели коснуться солнца, свободы, потерянного рая».

В течение первых месяцев заключения в Терезине ситуация для датских узников все время ухудшалась. Последствия этого описал Артур Фридигер, молодой химик: «Иногда ужасные условия побуждали людей действовать с исключительным благородством, они вели себя почти как святые. Они могли забыть о себе. Они думали только о том, как попытаться помочь другим — тому, кто был более голоден, чем они сами, тому, кто страдал от боли или находился в более трудной ситуации, чем они сами. Но чаще всего страшные условия лагеря приводили к проявлению худшего в людях. Те, кого вы знали в Копенгагене как достойных, интересных людей, кто и мухи не мог обидеть, внезапно начинали воровать, лгать и даже доносить, лишь бы получить чуть больше хлеба. Самым ужасным был донос, поскольку это означало, что те, на кого поступил донос, будут отправлены следующим транспортом в один из лагерей смерти».

Работой Фридигера в Терезине была прокладка водопроводных труб в городе за чертой лагеря. Вместе с некоторыми другими рабочими ему удавалось выносить из лагеря одежду заключенных, которые умерли или были отправлены в лагеря смерти, и обменивать эти «товары» на продукты и сигареты у чехов, живших неподалеку от лагеря. На протяжении нескольких недель Фридигер прокладывал водопроводные трубы вблизи железнодорожной станции Богускович, и в течение всего этого времени он мог видеть следующие друг за другом поезда с еврейскими узниками, которых перевозили в лагеря смерти на открытых платформах. Видеть множество

238

этих крайне истощенных, полумертвых взрослых и детей было для него самым тяжким испытанием в Терезине. Сотни немецких солдат, немецких гражданских работников и местных чехов также видели эти поезда с открытыми платформами, но не выражали никакого протеста. Изредка какой-нибудь сердобольный чешский фермер давал Фридигеру и его товарищам по заключению помидоры для передачи другим узникам лагеря.

Одной из самых худших сторон жизни в Терезине была неопределенность, незнание, как долго им предстояло пробыть в лагере. Несколько раз в неделю транспорты, загруженные узниками, отправлялись в Освенцим или Ноенгамм, или Берген-Белзен, или Дахау. Датчане, впрочем, как и другие, никогда не знали, когда наступит их черед.

Но датские евреи никогда не покинули концлагерь Терезин. И что еще более поразительно, из 472 датских евреев только пятьдесят три умерли здесь, но в основном все это были старики, которые погибли в дороге или в течение первых недель от недоедания.

После января 1944 г., когда тысячи других заключенных умерли от голода, ни один из датчан не умер в результате недоедания. В то время, когда повсюду вокруг них заключенные умирали от нездоровья и тяжелых заболеваний, датчане оставались относительно крепкими. В этом нет ничего загадочного. Есть все объясняющая простая правда в этом деле, которая состоит в том, что правительство и народ Дании оставались неутомимы в своей заботе о своих еврейских согражданах в Терезине, тогда как правительства и народы других стран были в большинстве своем равнодушны к своим еврейским согражданам в концентрационных лагерях.

ДАТСКИЙ УРОК

На Конференции по делам беженцев, состоявшейся весной 1943 г. на острове Бермуда, представители Всемирного Еврейского конгресса обратились к делегатам с просьбой провести переговоры с государствами Оси,* чтобы способствовать распределению продуктовых посылок в гетто и концентрационных лагерях, где евреев обрекали на голодную смерть. Делегаты отвергли рассмотрение этих предложений на том основании, что было бы несправедливо отдать приоритет евреям в вопросе оказания помощи.

По заключению британского историка Малькольма Хея: «Единственным результатом бермудской конференции по делам беженцев стала еще большая убежденность Гитлера, что миру в действительности безразлична судьба евреев. В свою очередь, это укрепило его решимость уничтожить их».

Как правило, мир не был озабочен судьбой евреев. Но Данию это *заботило*. Датское правительство постоянно проявляло тревогу о благополучии евреев, которые были отправлены в концлагеря, и предпринимало шаги, чтобы оказать им помощь. Одной из первых предпринятых правительством мер было посещение домов тех, кто был арестован, с целью собрать одежду, которая могла бы понадобиться узникам. Помимо этого, король Дании и члены датского правительства постоянно бомбардировали немцев запросами о том, как обращаются с их согражданами. Но что еще более важно — датское правительство, в сотрудничестве с рядом частных лиц, организовало регулярную доставку продовольствен-

---

* Военно-политический союз Германии и Италии, известный как «Ось Берлин — Рим».

ных посылок всем до единого датским евреям в Терезине. Эти посылки служили достижению двух целей. Продукты и лекарства в этих посылках сыграли основную роль в поддержании физического состояния узников. Но эти посылки также служили мощной моральной поддержкой, показывая датским евреям, что они не забыты, что их правительство и сограждане заботятся об их судьбах.

Несколько бывших сотрудников копенгагенского отделения «Америкен Экспресс» — Кай Кристиансен, Оле Ивенсен, Г. Торбионсен и А. Р. Фредериксен — организовали тридцать пять человек для работы в течение полного рабочего дня, чтобы осуществлять отправку этих посылок в Терезин. Кристиансен и некоторые другие печатали и прикрепляли к посылкам почтовый бланк, на котором получатель посылки должен был поставить свою подпись, после чего этот бланк должен был быть переслан почтой обратно отправителю.

Большинство посылок, посылаемых в течение Второй мировой войны, не имели таких почтовых форм, так что немцы разворовывали их со спокойной совестью. Но когда они, с их типичной бюрократической дисциплинированностью, видели, что посылка отправлена с уведомлением о вручении, они передавали ее адресату. Формально продуктовые посылки могли быть получены, только если они отправлены родственниками, и потому отправители представлялись как христианские родственники узников, посылая вместе с посылками письма, адресованные «Дорогому дяде...» или «Дорогой тете...».

Эти посылки превращали датских заключенных в самых важных узников в Терезине. Они пользовались уважением, с ними старались подружиться, им

ДАТСКИЙ УРОК

завидовали. По свидетельству Силы Коэн, с датскими девушками, независимо от того, как они выглядели, самые красивые узники концлагеря обращались так, словно те были кинозвездами, а девушки-заключенные из других стран «липли к датским парням так, как они бы липли к красавцам в униформе в мирное время».

Место на лагерной «социальной лестнице» во многом обеспечивалось близостью к сфере питания. Бывший профессор, врач, аристократ или важный правительственный чиновник воспринимался просто как уборщик туалетов или землекоп, которым он и был в лагере. Но повар, булочник или посудомойка, то есть любой, кто прямо или косвенно имел отношение к пище, был членом элиты, поскольку от него можно было ждать дополнительной крохи мяса, яйца, ломтика хлеба, тарелки супа.

Помимо организации отправки продуктовых посылок и средств медицинской помощи заключенным Терезина, датское правительство неустанно продолжало запрашивать разрешение немецких властей на инспекцию условий в лагере комиссией датского Красного Креста. В конце концов в феврале 1944 г. немцы согласились разрешить датским властям посетить лагерь в конце весны. Чтобы произвести благоприятное впечатление на датскую комиссию, были построены новые бараки, старые здания заново покрашены, а узникам были выделены новые кровати, мебель и одежда. Заключеные со следами перенесенных пыток или превращенные в калек, были увезены из лагеря. Улицы сверкали чистотой, как паркетные полы. В лагере были организованы концерты, лекции, спортивные мероприятия. Был даже построен специальный детский павильон, оснащеный

242

СПАСЕНИЕ ЕВРЕЕВ ДАНИИ

самым разнообразным оборудованием для организации досуга детей. Кроме того, немцы создали и бутафорский совет самоуправления, главой которого поставили профессора П. Эпштейна. Его переселили в отдельную квартиру, правда на территории лагеря, и нарядили во фрак, брюки в тонкую светлую полоску и цилиндр, а также предоставили лимузин для разъездов с эсэсовским офицером, исполняющим роль шофера. Были даже отпечатаны бутафорские, ничего не стоившие деньги — терезиенштадтские марки, которые должны были показать, что заключенные получают оплату за свою работу.

Датская комиссия, возглавляемая Ф. Хвасом, сотрудником министерства иностранных дел Дании, и Д. Хеннингсеном из управления здравоохранения, прибыла в Терезин 23 июня. За несколько дней до прибытия комиссии заключенных концлагеря предупредили, что любые жалобы, высказанные прибывающим датским инспекторам, будут иметь самые тяжкие последствия. По случаю появления комиссии на всех столах в столовой появились скатерти, новая посуда и цветы. Был дан банкет, на котором прислуживали облаченные не только в чистую униформу, но и в белых, без пятнышка, перчатках официанты.

Обращаясь к узникам, Ф. Хвас сказал: «Король передает вам свой сердечный привет, и я также привез вам самые добрые приветствия от епископа Фуглсан-Дамгора, который просил меня передать вам, что он молится за вас...».

Раввин Фридигер впоследствии писал: «Невозможно передать те чувства, которые охватили меня в тот момент. Только тот, кто понимает, что выражено в словах «божья благодать», может понять, что я почувствовал, когда мне сказали: «Король шлет вам свой

243

сердечный привет!..» Это ли не благословенная страна, где король и епископ шлют привет еврею?»

В то время как Хвас и Хеннингсен обходили ряды датских евреев, чтобы пожать всем им руки, товарищ по заключению заметил раввину Фридигеру: «Вот теперь я вновь стал личностью в собственных глазах. Я снова представляю собой какую-то ценность как человек. Датчане вернули мне это ощущение».

Профессор Эпштейн выполнял роль официального гида для Хваса и Хеннингсена, сопрождая их во время поездок в «своем» лимузине по концлагерю. Каждый раз, когда парадно наряженный «мэр» и его гости садились или выходили из машины, «шофер» Эпштейна молодцевато отдавал им честь. В точности выполняя полученные от немцев инструкции, Эпштейн непрерывно рассказывал, как замечательно жить в этом лагере. Его слова и все увиденное произвело должное впечатление на гостей, что и нашло свое отражение в восторженном докладе, представленном ими Международному Красному Кресту в Стокгольме.

После войны Хвас утверждал, что он намеренно описал все в лучшем свете, чтобы побудить немцев позволить датчанам и в дальнейшем посылать продуктовые посылки и медикаменты в концлагерь. Он также утверждал, что и он, и Хеннингсен знали, что немцы улучшили условия в лагере, чтобы произвести должное впечатление на инспектирующих датчан, но что он не хотел сообщать ничего такого, что могло бы вызвать раздражение немцев и как следствие — запрет на посылки.

Заключенным Терезина визит датской комиссии пошел в какой-то мере на пользу, поскольку, хотя едва Хвас и Хеннингсен уехали, нормы питания были уменьшены до тех, что существовали прежде, все улучшения в оборудовании лагеря остались.

Нацисты с изощренным издевательством «рассчитались» с профессором Эпштейном за его вынужденное послушное исполнение придуманной ими роли. Два дня после отъезда из лагеря датской комиссии гестаповский офицер, который изображал его шофера, продолжал возить его в лимузине по лагерю, вытягиваясь по стойке «смирно» каждый раз, когда открывал дверь машины, и неизменно обращаясь к нему не иначе, как «господин мэр».

На третий день Эпштейну сообщили, что его ожидает «особая благодарность» за хорошее поведение. «Шофер» отвез его в пустынную часть лагеря и выстрелом в голову убил наповал.

19

САБОТАЖ

Каждый раз, когда взрывается и
сжигается завод,
Разящая молния свободы возникает
в огне.

Карл Рос

До октября 1943 г. датское движение Сопротивления было малочисленным. После того, что произошло в октябре, положение резко изменилось — в ряды Движения влилось огромное пополнение, теперь оно насчитывало более сорока тысяч человек.

Одним из самых важных факторов, оказавших влияние на столь взрывной рост, было начавшееся преследование евреев. Пик актов саботажа приходится на ноябрь 1943 г. Один из руководителей Сопротивления, Оле Липман, так характеризовал возникшую ситуацию: «Датчане, по природе своей миролюбивы и добродушны, в течение нескольких лет они не проявляли массового стремления принять активное участие в движении Сопротивления. Но когда немцы начали преследование евреев и датчанам пришлось прятать родных и друзей, это стало первым шагом на пути к осознанному противостоянию немецкой оккупации. Первый шаг многим придал смелости пойти еще дальше и, как следствие, все это привело к огромному росту Сопротивления».

Датский историк Оле Барфед писал: «Это была величайшая ошибка и глупость — начать еврейские погромы в Дании. Но в определенной степени можно также сказать, что немцы оказали «услугу» датчанам. То что случилось с евреями, привело к мощному росту сопротивления и объединило людей, причем не на политической основе, а на этической. Та сеть контактов, которая была создана по всей Дании для спасения евреев, оказалась самой эффективной для дальнейшего развития движения Сопротивления. Были организованы новые каналы... без помощи которых подпольное движение выглядело бы совершенно иначе». Новые каналы, о которых говорит Барфед, — это разработанные маршруты и организация бегства для датских евреев. Впоследствии они были использованы для переброски саботажников в Швецию, а из Швеции в Данию — оружия.

Капитан Кристиан Кислинг пришел в движение Сопротивления именно таким образом. Он предпочел стать шофером в компании по спасению судов, чем водить их для нацистов. По словам Кислинга: «Поначалу общественное мнение было настроено против саботажа. Но затем, когда немцы затеяли все это с евреями, а мы должны были помочь им бежать, мы почувствовали вкус борьбы с оккупантами, и нам это пришлось по душе. Мы говорили себе, что теперь, когда евреи в безопасности в Швеции, надо продолжать борьбу и идти до конца — до освобождения Дании от немцев».

После того как датчане переправили евреев в Швецию, основным занятием капитана Кислинга в движении Сопротивления стали взрывы. Работа в компании по спасению судов была идеальной для наблюдения за эффективностью таких операций. «Иногда — говорил Кислинг, — мне приходилось нестись на «скорой помощи» или пожарной машине к заводу или немецкому фортификационному сооружению, которые я же и взорвал перед этим. Это было просто замечательно иметь возможность вернуться на то же место и воочию убедиться, что мое взрывное устройство отлично сработало. Порой, когда я видел, что не все получилось так, как планировалось, приезд на место взрыва в качестве спасателя давал мне возможность исправить положение, подложив дополнительную взрывчатку».

Другим примером датчанина, который стал саботажником после участия в операции по спасению евреев, был Йорген Кнудсен. Хотя все свое время он посвящал работе в датском подполье, но благодаря содействию доктора Кюстера, каждый месяц получал свое жалованье в больнице Биспебьерга. Помимо транспортировки на машине «скорой помощи» саботажников, летчиков союзников, чьи самолеты были сбиты над Данией, Кнудсен тайно перевозил оружие, распространял запрещенные газеты и до-

СПАСЕНИЕ ЕВРЕЕВ ДАНИИ

ставлял секретную почту. Кроме того, он и еще несколько человек занимались тем, что подбирали оружие, которое сбрасывали на парашютах для датского подполья британские летчики. В одну из ночей их ожидал сюрприз — на парашюте они обнаружили лишь виски и сигареты. В короткой записке британских летчиков было написано, что это их благодарность Кнудсену и его товарищам за спасение и переправку раненых англичан.

Зимой 1944 г. Кнудсену поручили предупредить одного полицейского, работающего на Сопротивление, что гестапо стало известно о его подпольной деятельности. Одолжив у знакомого врача машину, Кнудсен поспешил по указанному адресу. Но было слишком поздно. Дверь ему открыл гестаповец. В глубине комнаты Кнудсен заметил еще троих.

— Что ты здесь делаешь? — спросил гестаповец.

— Да вот решил навестить приятеля.

Его втолкнули в комнату.

— Говори, что за связь у тебя с этим человеком?

— Да говорю же вам, мы приятели. Мы были вместе в армии. А что, собственно, здесь происходит? С ним что-то случилось?

— Как ты сюда попал?

— Пешком.

Гестаповец шепотом отдал какое-то распоряжение солдату, и тот вышел из квартиры.

— Можно мне в туалет? — сказал Кнудсен.

Ему разрешили. Не теряя времени, Кнудсен бросил в унитаз ключ от машины и спустил воду. Когда он вернулся в гостинную, немец спросил, не ему ли принадлежит автомобиль, припаркованный рядом с домом.

249

ДАТСКИЙ УРОК

— Нет, — ответил Кнудсен.

В поисках ключа от машины его тщательно обыскали, но ничего не нашли

— Теперь вы удовлетворены? — спросил Кнудсен.

Гестаповцы не были удовлетворены. Они продержали Кнудсена в квартире несколько часов, допрашивая о его взаимоотношениях с хозяином дома. Пока длился допрос, немцы выпили не одну бутылку шнапса, который нашли на кухне. Когда шнапс кончился, они заявили Кнудсену, что забирают его с собой в штаб-квартиру гестапо. Четверо гестаповцев усадили его в свою машину. Все они были уже достаточно пьяны.

— Мне кажется, мы не должны показываться в таком состоянии в штаб-квартире, — произнес один из гестаповцев. — Кое-кто может позавидовать.

Сидевшие в машине загоготали.

— Поехали лучше в бар, надо продолжить начатое, — предложил один из них.

Старший группы повернулся к Кнудсену:

— Если мы тебя сейчас отпустим, можешь пообещать, что завтра в десять утра явишься в штаб-квартиру гестапо?

— Конечно, — заверил Кнудсен.

На следующее утро Кнудсен появился в штаб-квартире гестапо. Он посчитал, что это будет самым безопасным, поскольку послужит ярким свидетельством, что он убежден в полной своей невиновности. Он также понимал, что у немцев нет никаких доказательств его участия в подпольном движении за исключением лишь того, что он оказался в квартире своего приятеля. Гестаповцам, похоже, понравилось, что Кнудсен явился к ним, и, хотя его долго допрашивали, сам допрос проходил почти в дружественном тоне. Наконец один из гестаповцев спросил его:

— А скажите нам так, по-приятельски, вы уверены, что действительно ничего не делали против нас? Даю вам слово, что мы отпустим вас. Собственно, у нас нет никаких оснований вас задерживать. Но все-таки?

Его тон был настолько искренне дружеским, что Кнудсен признался, что помогал евреям бежать в Швецию.

— Но почему?

— Потому что я чувствовал, что должен это делать. Я просто не мог сидеть сложа руки, когда мои друзья подверглись преследованиям.

— Значит у тебя есть друзья евреи?

— Да.

— И тебе не нравилось, как мы обращались с ними?

— Не нравилось.

Вежливый гестаповец подал знак двум охранникам и ударил Кнудсена в лицо. Это избиение продолжалось, пока Кнудсен не потерял сознание. Когда он пришел в себя, его отпустили. Избиение, которому он подвергся, придало Кнудсену желания работать еще активнее, чем прежде, в движении Сопротивления.

В конце января 1945 г. Кнудсен получил задание тайно вывезти шестнадцать тяжело раненых саботажников из Дании в Швецию. Их погрузили на буксир, который из-за нехватки угля использовал в качестве топлива сено. Естественно, на буксире должно было храниться огромное количество этого необычного и неэффективного топлива, и саботажников легко в нем спрятали. Из-за плохой погоды, плохой работы связи и других неудачно сложившихся обстоятельств, они добрались до Швеции только через три дня. Все это время раненым пришлось прятаться в сене, и Кнудсен постоянно делал им уколы морфина, чтобы они не стонали и не кричали от боли. Один из шестнадцати не выдержал пути, его доставили в Швецию уже мертвым.

Когда буксир прибыл в Хальмстад, шведский полицейский уже привыкший к датским беженцам и бойцам Сопротивления, весело крикнул датчанам, чтобы они выбирались на палубу. Но, увидев, как Кнудсен и моряки стали поднимать мертвое тело и пятнадцать раненых, впервые осознал всю серьезность ситуации в Дании. Кнудсен оставался в Швеции с этими ранеными в течение пяти месяцев, вплоть до конца войны.

Взрывной рост датского Сопротивления подтвердил самые худшие опасения Рентэ-Финка, фон Ханнекена и Милднера. Датчане наконец проявили свою враждебность в отношении немцев с яростью, которая заставила британского фельдмаршала Монтгомери охарактеризовать датское Сопротивление как «беспрецендентное».

Ни в одной другой оккупированной стране саботаж не осуществлялся с такой эффективностью, как в Дании. К концу войны на заводах, работавших на немцев, и в портах было совершено 2548 актов саботажа и еще почти столько же — 2156 — на железных дорогах. Дороги были разрушены настолько, что в 1944 г. железнодорожному составу, идущему через Ютландию — главную связующую артерию между Германией и ее вооруженными силами в Норвегии, — требовалось вместо пяти часов десять дней. Дивизия, которую немцы перебрасывали из Норвегии в Арденны прибыла в пункт назначения с недельным опозданием в результате актов саботажа датчан на железных дорог.

Конечно, среди датчан были и те, кто сотрудничал с немцами — за деньги или из идейных соображений. В период оккупации движению Сопротивления в целях самозащиты пришлось уничтожить 170 коллаборационистов, датских фашистов и доносчиков.

Чувство юмора не изменяло датчанам даже во время войны. Когда принцесса Ингрид родила дочь — а в честь этого события вооруженные силы Дании по традиции должны произвести салют из двадцати одного орудия, — датское Сопротивление организовало двадцать один взрыв на немецких объектах.

Моугенс Фиске, датский владелец кинопрокатной фирмы, передал бойцам Сопротивления несколько антифашистских фильмов, которые он тайно ввез в страну при содействии дипломатической миссии союзников в Швеции. В результате они могли посмотреть английский фильм «Победа в пустыне» (о битве при Эль-Аламейне), документальный фильм «Битва за Сталинград», сделанный сразу же после окружения армии Паулюса, фильм Диснея о том, как утенку Дональду Даку снится страшный сон, что он попал в фашистскую Германию и вынужден приветствовать портреты фюрера, и нескольких других.

Нередко участники Сопротивления совершали рейды по кинотеатрам, в которых крутили немецкие фильмы и под угрозой оружия заставляли киномехаников показывать вместо них антифашистские фильмы.

После высадки союзников в Нормандии саботажники распространили по всему Копенгагену плакаты с текстом: «Учи английский, пока англичане не пришли». После того как немцы посрывали эти плакаты, на улицах появились новые: «Учи немецкий, пока немцы не ушли».

В подсобном помещении в глубине книжного магазина Стаффелдта, через которое прошли сотни евреев, бежавших в Швецию, теперь собирались участники Сопротивления для разработки планов взрывов заводов, железнодорожных путей и ликвидации предателей и осведомителей.

16 февраля 1944 г. двенадцать подпольщиков покинули магазин Стаффелдта, отправившись на выполнение сложной операции в южной части страны, вблизи границы с Германией. На следующей день в магазин вошли три гестаповца и арестовали Стаффелдта. Его доставили в штаб-квартиру гестапо, где сообщили, что известная ему группа подпольщиков захвачена и один из двенадцати ее членов назвал его имя. Гестапо требовало имена всех подпольных агентов Стаффелдта. Владелец книжного магазина отказался признать себя виновным в антифашистской деятельности за исключением помощи евреям. После нескольких часов допроса, в ходе которого Стаффелдт упорно стоял на своем, гестапо приказало произвести обыск в его книжном магазине. Через несколько часов, к великому своему удивлению, он узнал, что никакого оружия в его магазине не обнаружено. Как уже позднее ему рассказали друзья, Кристиан Кислинг, услышав об аресте Стаффелдта, дерзко проник в магазин и унес оружие.

Из штаб-квартиры гестапо Стаффелдта перевели в тюрьму Весто, где в течение нескольких недель его подвергали непрерывным допросам. Хотя он не шел ни на какое сотрудничество с гестаповским след-

СПАСЕНИЕ ЕВРЕЕВ ДАНИИ

ствием, его не пытали. Но были случаи, когда «следователи», потеряв терпение, жестоко его избивали.

Будучи в тюрьме, Стаффелдт знал о трагической судьбе своего близкого друга Свена Отто Нильсена, учителя математики, ставшего подпольщиком. При попытке бегства он получил восемь ранений и сломал бедро. Чтобы заставить его говорить, немцы не только таскали его каждый день на допросы, но и постоянно пытали, ломая вновь и вновь срастающуюся кость и трением краев сломанных костей друг о друга. Врача к нему не допускали, ходить он не мог, и потому его матрас представлял собой затвердевшую смесь крови, испражнений и гноя. В конце концов, после четырех с половиной месяцев пыток, немцы привязали его к стулу, вынесли во внутренний двор тюрьмы и расстреляли. В ночь перед расстрелом ему позволили написать два письма.

В одном из них, адресованном брату, он писал: «...До сегодняшней ночи я принимал все, что со мной происходило, сдержанно, спокойно, почти с улыбкой. Даст Бог, я также спокойно встречу свою смерть. Я хочу умереть с достоинством. Теперь уже все кончено. Интересно, успевает ли человек услышать выстрелы и осознать, что убит? Ну, ладно, скоро узнаю. Меня не пугает смерть, и я надеюсь, этот страх не придет ко мне, но человеку не следует похваляться этим слишком рано: у мужества есть свои пределы».

Жене и дочери он написал: «Не плачьте обо мне, я бы этого не хотел. Будьте благоразумны. В том, что случилось, вы не в силах что-либо изменить. Что касается меня самого, то я холоден и спокоен. Я принял свой приговор без жалоб и волнения — с легкой улыбкой. Вы можете стать такими. Эти пять месяцев закалили меня. Сейчас пять утра. Мне только что принесли отличные бутерброды, и я наслаж-

255

даюсь кофе и хорошей сигарой, как в «добрые старые времена». Надеюсь, Всемогущий Бог даст мне силы встретить мою смерть спокойно, так же как Он дал мне силы перенести все эти месяцы страданий и боли. Я хочу, чтобы скорей наступил мир на земле, мир в душах, мир и счастье для нашей маленькой страны. И в своей последней молитве я буду молиться за ваше будущее. С любовью и мыслями о вас.

Свен».

Зная, что происходило с Нильсеном, слыша его крики во время пыток, узнав, что нацисты в конце концов убили его друга, Стаффелдт тем не менее был непоколебим в своей решимости молчать и не выдал ни одного из своих товарищей по подполью. Немцы отправили его в концентрационный лагерь в Гесере. Здесь Стаффелдта приговорили к смерти, но он сумел бежать и вернуться в Копенгаген. С 1 октября по 15 ноября 1944 г. его укрывали друзья. Они рассказали ему, что его жена бежала в Швецию, а его младший брат, Йорген, был схвачен гестапо, отправлен в Ноенгамм и казнен.

15 ноября 1944 г. Стаффелдт вместе с четырнадцатью другими подпольщиками был спрятан в Нюхавне на борту старого рыболовного бота. Их уложили на дне трюма, поверх поставили ящики с сельдью, между которыми были спрятаны металлические трубки, дававшие им возможность дышать, а ящики засыпали слоем льда почти в три фута. Ящики с сельдью служили защитным буффером между спрятанными людьми и насыпанным льдом. Едва вся эта работа была закончена, как появились заподозрившие что-то немецкие солдаты. Рыбакам приказали убрать лед. Убедившись, что подо льдом рыба, они покинули бот. Лед вновь засыпали в трюм и судно

покинуло порт. Спустя три часа, уже в шведских территориальных водах, беглецов взял на борт шведский военный корабль и доставил в Швецию.

Для друга Стаффелдта Йенса Лиллелунда обстоятельства сложились намного благоприятнее. Он был одним из самых активных и результативных подпольщиков — ему удалось взорвать не только несколько заводов и железнодорожных мостов, но и крупнейший во всей Скандинавии выставочный зал, который немцы собирались превратить в казармы. Несмотря на это, все попытки немцев его поймать потерпели крах.

В 1950 г. во время визита Уинстона Черчилля в Данию ему представили Лиллелунда как одного из героев Сопротивления. Они пожали друг другу руки, и между ними произошел следующий диалог:

— А-а-а, господин Лиллелунд! — воскликнул Черчилль, — я много слышал о вас.

— Благодарю вас, мистер Черчилль, я тоже много слышал о вас.

Черчилль от души расхохотался.

В Орхусе среди главных саботажников была Ине Хаксен. В ноябре 1943 г., после участия в операциях Рихарда Эйге по спасению евреев, она вернулась к своим домашним обязанностям. Но роль «буржуазной домохозяйки» ее больше не устраивала, она хотела продолжать свою борьбу с немцами. Случай представился месяц спустя, когда бородатый господин, представившийся ей как инженер Расмусен, появился в Орхусе. Фру Хаксен довольно быстро догадалась, что это был датский писатель Питер Родэ, который бежал из концлагеря. Она убедила мужа позволить «господину Расмусену» остановиться в их доме и в дальнейшем помогала ему редактировать га-

ДАТСКИЙ УРОК

зету датского Сопротивления «Свободная Дания». Помимо этого она не раз была связной и доставляла взрывчатку для подпольщиков.

В декабре 1944 г. Родэ был вновь схвачен гестапо. Его подвергли пыткам, в результате которых он оглох. Фру Хаксен бежала в Швецию. Здесь она начала учиться стрелять, поклявшись, что вернется в Данию и убьет палача Родэ.

Результаты действий бойцов датского Сопротивления были впечатляющи. Через контакт с англичанами они смогли навести бомбардировщики Королевских Военно-Воздушных сил на штаб-квартиры гестапо в Копенгагене и Орхусе, взорвали фабрику, собиравшую запчасти к ракетам ФАУ-2, разрушили другие военные заводы, осуществляли диверсии на железнодорожных путях, связывающих Данию с Норвегией. Все это имело далеко идущие последствия за пределами датских границ.

Одной из самых серьезных акций была всеобщая забастовка с 26 июня по 3 июля 1944 г. Стремясь подавить движение Сопротивления, нацисты начали устраивать облавы на датских патриотов. Среди тех, кто погиб от их рук, был известный датский поэт и драматург Кай Мунк. Тело его нашли в лесу, он был убит пятью выстрелами в лицо. Кроме того, немцы стали применять тактику смертельных «зачисток».

В отместку за убитого немецкого солдата, провокатора или коллаборациониста они выпускали на улицы Копенгагена отряды Шелбурга. Эти военизированные подразделения датских нацистов громили частные дома, врывались в театры, беспорядочно стреляли по людям на улицах и в парках, убивая многих невинных датчан, среди которых были женщины и дети. Как протест против этих бесчинств страну охватила всеобщая забастовка протеста.

258

Некоторые авторитетные источники полагают, что все началось с момента, когда в полдень 26 июня 1944 г. десять тысяч рабочих крупнейшего в Дании судостроительного концерна «Бурмейстер и Вайн» прекратили работу в знак протеста против нарастающих жестоких бесчинств гитлеровцев. Другие считают, что толчком послужили события на улице Истедгэйд, расположенной в центре Копенгагена, где жили в основном рабочие. Вечером 26 июня ее жители услышали крики: «Они застрелили моего мужа! Он ничего не сделал! Они застрелили моего мужа!..» Выйдя на улицу, они увидели простоволосую женщину, у ног которой лежало мертвое тело. Это был копенгагенский рабочий, убитый выстрелом в спину бандитом из отрядов Шелбурга.

«Мгновенно, — рассказывает очевидец, — вся улица оказалась запруженной возмущенными людьми, немедленно начавшими сооружать баррикады, чтобы больше не допустить появления на их улице нацистов Шелбурга и немцев. Отсюда восстание перекинулось на другие улицы и охватило весь Копенгаген. Независимо от того, действительно ли всеобщая забастовка началась с Истедгэйда, нет сомнений, что именно эта улица сыграла ключевую роль в ее успехе.

Поначалу на строительство баррикад пошли булыжники развороченной мостовой, кровати, матрасы и мебель. Позднее толпа начала переворачивать машины и трамвайные вагоны. Над баррикадами водрузили знамена, на которых было написано: „Истедгэйд никогда не сдастся!“. Немцы открыли огонь, убив нескольких датчан, но не смогли овладеть баррикадами. Безжалостность немцев вызвала у датчан совершенно несвойственную им реакцию. Выследив человека, сотрудничавшего с немцами, толпа напала на него, сорвала всю одежду, и женщина, кричавшая, что хочет быть уверена, что он никогда не сможет обременить землю своим потомством, швейными ножницами навсегда лишила его возможности продолжения рода. Дальше разъяренная толпа стала вытаскивать на улицы девиц, не брезговавших „дружбой“ с немецкими солдатами, брила им головы, срывала одежду и на их голых телах рисовала краской большие свастики. Ночью на улице зажгли огромные костры, что нарушало распоряжения оккупантов о светомаскировке. Эти костры были видны в других частях города, и каждую ночь, вплоть до окончания забастовки, в Копенгагене полыхало по меньшей мере пять тысяч костров».

Во вторник 27 июня весь Копенгаген был охвачен забастовкой, и не только заводы и фабрики прекратили работать, но даже магазины закрылись в полдень. Немецкие оккупационные власти опубликовали предупреждение, направленное против забастовки, грозя жестокими карами в случае ее продолжения.

В среду ни один человек в Копенгагене не вышел на работу. Началась вакханалия террора. Немцы, которым помогали бандиты из отрядов Шелбурга и особая группа, сформированная для совместной работы с гестапо, известная под названием «Хилфс-полицай» или сокращенно — «Хипос», начали беспорядочную стрельбу по людям на улицах, стреляли и в окна домов. Более сотни датчан были убиты и почти тысяча ранены.

В четверг немцы казнили восемь датских патриотов. В ответ рабочие призвали к бессрочной всеобщей забастовке.

В пятницу немцы объявили о намерении уморить Копенгаген голодом. Прекратилась подача газа, во-

СПАСЕНИЕ ЕВРЕЕВ ДАНИИ

ды, электричества, все дороги, ведущие в Копенгаген, были перекрыты с целью не допустить подвоза продуктов питания в город.

Однако примеру столицы последовали по меньшей мере двадцать городов, в том числе второй по значению город Дании — Орхус. В самом Копенгагене был создан подпольный Совет Освобождения, который объявил, что берет забастовку под свое руководство и обязуется довести ее до победного конца. Совет Освобождения выставил четыре требования немецким оккупационным властям в качестве обязательных условий для прекращения забастовки:

1. Убрать из страны отряды Шелбурга.
2. Отменить комендантский час и чрезвычайное положение.
3. Открыть движение на дорогах к Копенгагену.
4. Исключить какие бы то ни было карательные меры в отместку за забастовку.

На протяжении нескольких дней забастовка и бесчинства немцев не утихали. В Копенгагене и провинциальных городах возводились новые баррикады.

3 июля немцы выпустили прокламацию, где обещали принять требования Совета Освобождения, если забастовка будет прекращена. Совет Освобождения призвал к прекращению забастовки. 5 июля датчане вышли на работу.

Лондонская «Таймс» писала об этой забастовке: «История движения Сопротивления в Европе, столь богатая примерами триумфа организованных народных выступлений против кажущейся непобедимой власти, не знает примера такой полной и впечатляющей победы, какую одержали датчане».

ДАТСКИЙ УРОК

Сопротивление датчан немцам охватило людей всех профессий, включая полицейских. В отличие от других оккупированных стран, где полиция с большим желанием помогала гитлеровцам в преследовании евреев и саботажников, в Дании нацисты столкнулись с почти поголовным отказом полицейских от сотрудничества с ними. Датская полиция сыграла большую роль в спасении евреев, а позднее в работе Сопротивления. Зная о нелояльности датской полиции, немцы предприняли попытку арестовать всех ее сотрудников.

19 сентября 1944 г. они организовали ложную воздушную тревогу. Обычно по ее сигналу весь полицейский корпус занимал свои места, и немцы смогли арестовать несколько тысяч человек. Более половины арестованных смогли бежать и присоединиться к подполью. Тех, кого удалось схватить, отправили в Ноенгамм и Бухенвальд.

Вот как вспоминал узник Бухенвальда Эли Визель* их прибытие: «Эти датские полицейские были великолепны. Их мужество, достоинство и человечность стали для нас вдохновляющим примером, возвращающим нам желание жить». Большинству из этих людей было не суждено вернуться в Данию. Более шестисот человек были убиты и сожжены, а их пепел немцы отослали в Данию в общих урнах.

За время войны погибло 3213 датчан — бойцов датского Сопротивления. После войны в братской мо-

---

* Эли Визель (р.1928), американский писатель, общественный деятель. Родился в Румынии; с 1956 г. живет в США. Лауреат Нобелевской премии мира (1986). Друг Харолда Флендера. Его письмо с выражением моральной поддержки помогло мне в работе над этой книгой. *(Примеч. переводчика.)*

262

СПАСЕНИЕ ЕВРЕЕВ ДАНИИ

гиле неподалеку от Копенгагена, в Рювангене, были найдены тела 199 датских патриотов, убитых гитлеровцами.*

---

* Мемориал борцам Сопротивления в роще Рювангена (близ Копенгагена) был открыт 29 августа 1950 г. Здесь находится могила расстрелянных и пепел сожженных в гитлеровских концлагерях. На мемориале выбиты слова «Вы находитесь здесь на священной земле».

20

В ШВЕЦИИ

При всем при том,
При всем при том,
Могу вам предсказать я,
Что будет день, когда кругом
Все люди станут братья!

*Роберт Бернс**

В 1943 г. послом Дании в Соединенных Штатах был Хенрик Кауфман. Известие о планах нацистов в отношении датских евреев застало его в Монреале, как раз когда он собирался на деловой завтрак к мэру города. Посол немедленно заперся в своем кабинете, чтобы срочно написать письмо госсекретарю США Корделлу Халлу. Когда в дверь

---

* Перевод С. Я. Маршака.

постучали и работник посольства сказал, что мэр уже больше часа ждет Кауфмана, он ответил: «Прошу прощения, но ему придется подождать. То, чем я занят сейчас, не терпит отлагательств».

Вот, что писал Кауфман: «Из сообщений прессы в датской дипломатической миссии стало известно, что одной из первых акций недавно назначенного нового военного диктатора в оккупированной Дании должна стать, по личному указанию Адольфа Гитлера, депортация датских евреев.

Меня глубоко тревожит, что отсюда слишком мало можно сделать, чтобы помочь моим соотечественникам в этот тяжкий для них час. Я хотел бы, тем не менее, господин секретарь, заверить вас, что полностью поддержу любые меры, которые правительство США сочтет возможным и правильным принять в стремлении защитить еврейское население Дании или облегчить его судьбу и уменьшить угрозу жизни датских евреев. Что касается финансирования этой помощи, вопрос о котором может возникнуть, то я принимаю на себя обязательство гарантировать вашему правительству или любому другому, которое может понести расходы в своем старании предоставить помощь датским евреям или другим датским гражданам, преследуемым нацистами, оплату этих расходов из датских национальных фондов, которые находятся в моем ведении. Делая такое заявление, я сознаю, что действую в соответствии с желанием народа Дании.

Я был бы признателен вам за согласие обсудить в ближайшее время возможности оказания помощи моим согражданам, чтобы защитить их от опасностей, угрожающих их существованию».

В ответ Госдепартамент попросил Кауфмана сохранить это письмо в секрете, обосновав свою просьбу весьма странным доводом — обнародование предложения датского посла может нанести вред евреям. Однако Кауфман немедленно отправил телеграмму в Стокгольм, уведомляя Министерство иностранных дел Швеции, что если Швеция примет датских евреев, он передаст в ее распоряжение денежные фонды, чтобы покрыть все связанные с этим расходы. Помимо этого, Кауфман связался с лидерами Американской еврейской общины, в том числе с раввином Стивеном С. Уайзом, чтобы сообщить о своем предложении и заверить, что готов сделать все, что в его возможностях, чтобы помочь датским евреям. Раввин Уайз был тронут предложением Кауфмана. Позднее, рассказывая о нем одному из своих друзей, он говорил, что предложение датчанина явилось одним из самых радостных и волнующих проявлений человечности со стороны христианина, с которым ему, еврею, когда-либо приходилось встречаться.

Когда контролируемые немцами датские власти узнали о предложении Кауфмана, сделанном без согласования с ними, он был отстранен от должности, объявлен предателем и ему было приказано немедленно возвратиться в Данию, чтобы предстать перед судом по обвинению в измене. После этого Кауфман попросил правительство США о статусе официального представителя Свободной Дании.

Одним из первых его действий в этом статусе было предоставление Соединенным Штатам временных полномочий на управление Гренландией. В свою очередь, госсекретарь Корделл Халл позаботился о том, чтобы Конгресс США принял закон, дающий возможность Кауфману по своему усмотрению и для целей, которые он сочтет целесообразными, распо-

СПАСЕНИЕ ЕВРЕЕВ ДАНИИ

ряжаться всеми датскими капиталами в Соединенных Штатах, в том числе частью золотого запаса Национального банка Дании, то есть суммой свыше двадцати миллионов долларов.

К тому времени Швеция оповестила мир о своей готовности принять всех евреев Дании, и многие из них уже сумели перебраться в эту страну. Кауфман мог теперь предложить Швеции денежные средства, чтобы позаботиться о беженцах. Вместе с тем ему хотелось по возможности избежать экономических осложнений, которые могли бы стать результатом расходования чрезвычайно больших сумм из датских национальных фондов. По этой причине Кауфман предпринял попытку собрать часть необходимых для беженцев средств из американских источников. Ему помогали в этом два американских гражданина датского происхождения — Жан Хершолт, известный актер, и Лео Натан, нью-йоркский торговец мехами.

17 октября Кауфман разослал письмо на бланке Королевского Датского дипломатического представительства, адресованное широкому кругу лиц, как евреев, так и неевреев, и множеству организаций, прося их о помощи. В этом письме он подчеркивал, что арест и депортация евреев Дании «были бы равносильны их уничтожению» и что «этот призыв обращен не к одним только евреям, а ко всем порядочным людям, особенно датского происхождения. Я надеюсь, — писал он далее, — что все датчане и американцы датского происхождения будут считать делом чести помочь датским беженцам в Швеции. Я убежден, что община американских датчан разделяет мое мнение, что в данном случае речь идет о деле, которое касается нас всех ».

Это обращение вызвало огромный положительный отклик. Частные лица и организации направили

267

щедрые пожертвования. Компании, выпускающие меховые изделия, внесли большие суммы, а профсоюз рабочих мехового бизнеса предоставил пятьсот меховых жилетов для датских моряков, которые покинули Данию, чтобы помогать союзникам на море.

В конце концов не потребовалось брать никаких денег из фондов датского правительства. Не только американцы сделали щедрые пожертвования, но и само шведское правительство выделило весьма приличную сумму — пять миллионов долларов. Вдобавок к этому, хотя еврейские беженцы прибывали в Швецию в большинстве случаев без гроша за душой, многие из них быстро нашли работу и смогли сами себя обеспечивать. Однако нередко интеллигент, привыкший разве что к подниманию авторучек, отправлялся в суровые северные районы Швеции на лесоповал, чтобы заработать на жизнь. И, конечно, такой горе-лесоруб неизбежно не выдерживал физической нагрузки и возвращался через несколько дней в Стокгольм в состоянии полного изнеможения. Более подходящей для евреев-интеллигентов — юристов, учителей и клерков — могла стать работа по оказанию помощи беженцам. Потребность в этих специалистах была довольно высокой, но преобладание евреев на этих должностях вызывало временами недовольство у части нееврейских беженцев.

Из 17.020 датских беженцев в Швеции 9114 не были евреями. Они попали сюда уже после евреев. Это были саботажники, бойцы Сопротивления, — все те, за кем охотилось гестапо. Некоторые из них усматривали иронию в том, что люди, которым они помогли спастись, теперь руководят лагерями беженцев и проводят с ними интервью. Но первые обиды довольно быстро рассеялись, и в целом серьезных

СПАСЕНИЕ ЕВРЕЕВ ДАНИИ

конфликтов между еврейскими и нееврейскими датскими беженцами не было.

Шведское правительство оказывало полное содействие датчанам. Его щедрая финансовая поддержка сочеталась с заботой об условиях жизни беженцев — о их питании, одежде, жилье. Кроме этого, были созданы специальные школы для датских детей. Учебники тайно доставлялись из Дании. Студенты Копенгагенского университета также смогли продолжать учиться, переправляя свои курсовые работы и ответы на экзаменационные вопросы профессорам в Данию. С обратной почтой они получали отзывы и оценки. Так, шестеро студентов, будучи беженцами, получили в Швеции дипломы юристов Копенгагенского университета. Те же, кто захотел продолжить образование в шведских учебных заведениях, получили соответствующие разрешения.

Обычно беженцы находились в лагерях недолго. Было создано специальное бюро, помогавшее им найти работу и жилье. Шведские официальные представители следовали твердому правилу не оказывать предпочтения беженцам из какой-то одной страны. Так что условия для эмигрантов из Германии, Польши или Дании были одинаковыми.

Пастору Борсиниусу шведское правительство помогло в организации церковных служб для датчан, хотя помещение, которое выделила ему для этой цели администрация, вызвало у него некоторое замешательство и досаду. Борсиниус так описал это: «Мы нашли вход и стали подниматься по стертой каменной лестнице с отсутствующей ступенью. Через полуразвалившуюся дверь мы вошли в три небольшие комнаты. Постели были не убраны и в довольно неприглядном виде. Я нашел владелицу дома, чтобы выяснить, почему к нашему приходу помещения не были приведены в порядок. Тут я узнал, что мы попали... в публичный дом. Похоже, шведская полиция заподозрила, что здесь было, и владелица заведения решила на какое-то время закрыть «бизнес», предложив комнаты Агентству по делам датских беженцев. Таково было место, где мне предстояло организовать церковную службу!

...Мы начали расчищать эти авгиевы конюшни. Прежде чем наша маленькая церковь была приведена в достойное состояние, нам пришлось вышвырнуть несколько пар брюк. Время от времени являлся кто-нибудь из прежних посетителей заведения и спрашивал: «А разве такая-то не должна проживать здесь?» — «Да, но она переехала», — неизменно отвечали мы, пока эти бывшие клиенты разобрались что к чему.

Наконец, на двери появилась новенькая вывеска:

Королевская Датская дипломатическая миссия
Управление по делам беженцев
Датская церковь в Швеции».

Однако пастор Борсиниус проводил очень мало времени в своей церкви. Почти вся его энергия уходила на поездки по Швеции с лекциями для шведов о сущности этой войны и недопустимости антисемитизма. К своему глубокому сожалению, пастор обнаружил, что его лекции об антисемитизме были совершенно необходимы для шведов.

В то время как отношение шведского правительства к датским беженцам было безупречным, о самих шведах этого сказать было нельзя. В Мальме, где беженцы проходили проверку, Мендель Катлев и его семья пришли в замешательство, столкнувшись

СПАСЕНИЕ ЕВРЕЕВ ДАНИИ

с антисемитизмом. Не однажды им приходилось выслушивать риторический чванливый вопрос: «А почему бы вам, евреям, не отправиться назад в те места, откуда вы родом?»

Писатель Пинхас Уэлнер описывает, как столкнулся с антисемитизмом в Мальме. По вечерам, рассказывает он, беженцы обычно собирались на двух главных площадях города — Сторторгет и Густава Адольфа Торга. Здесь они обсуждали последние датские новости. В один из вечеров всех взволновала статья в одной из ведущих шведских газет, где, в частности, говорилось, что евреи, будучи одним из самых культурных народов мира, были органической частью населения Дании. В самый разгар обсуждения на площади появилась компания молодых людей, которая разбрасывала листовки. В листовках были напечатаны требования к евреям:

1. Не разговаривать на идише.
2. Не разгуливать группами.
3. Не останавливаться во время ходьбы.
4. Не появляться на главных улицах и площадях.
5. Оставаться дома большую часть времени.

Эти молодчики, как пишет Уэлнер, появлялись и на других улицах. Их громкие крики: «Швеция для шведов! Швеция для шведов!» были слышны по всему городу.

Но нельзя назвать это явление типичным для Швеции. Многие шведы делали все возможное, чтобы помочь еврейским беженцам.

Роза Бертман из Хельсинборга была одной из двух шведок, получивших Медаль Свободы, врученную ей королем Кристианом X за ее деятельность в интересах датских беженцев. В 1943 г. фру Бертман уже была матерью двух детей — пятилетнего сына и восьмилетней дочери. Кроме того, она помогала мужу в его в магазине готового платья. Когда начался Исход из Дании, она посвятила беженцам все свои силы. В первые дни октября, еще до того, как шведское правительство смогло организовать эффективную помощь евреям из Дании, Роза Бертман дала кров и пищу десяткам из них в своем собственном доме. Она убедила владельца гостиницы Эверта Иблома поселить в ней бесплатно беженцев и уговорила многие шведские семьи предоставить им пищу и кров. Кроме того, она собирала деньги, чтобы обеспечить их продовольственными карточками. Одной из самых важных задач фру Бертман считала дать понять датским евреям, что они желанные гости на шведской земле. Часто это означало провести всю ночь, беседуя с ними, поскольку, потеряв собственный дом и друзей, оставшись без средств в чужой стране, они нередко находились в подавленном состоянии. Она стала другом сотням из них.

Другим добрым другом еврейских беженцев стал комиссар полиции Хельсинборга Карл Палм. Еще в 1939 г., когда Германия вторглась в Польшу, Палм полагал, что с моральной точки зрения было бы ошибкой для Швеции пытаться оставаться нейтральной. Он считал, что демократические страны обязаны играть активную роль в борьбе с диктаторскими режимами. Когда, спустя год, Дания оказалась оккупированной, Палм связался с подпольем и стал его агентом, работавшим с датской полицией, которая в основном была настроена антигитлеровски. Он передавал датчанам сведения, могущие быть полезными союзникам, в том числе сведения о передвижении немецких войск, направлявшихся через Швецию в Норвегию.

СПАСЕНИЕ ЕВРЕЕВ ДАНИИ

При такой политической активности для Палма было совершенно естественным стремление помочь евреям из Дании. Он навсегда запомнил первую прибывшую в Хельсинборг группу: «Там было примерно двести человек и среди них множество женщин с младенцами на руках. То, что я увидел, показалось мне поначалу кошмарным сном. Младенцы и дети были неподвижны, и я был уверен, что они все умерли. Я не мог поверить своим глазам. Как могло случиться, что все взрослые живы, а все дети мертвы? Понимаете, я ведь тогда не знал, что детям делали уколы. Я не смог сдержать слез. Я заплакал, и, рыдая, проклинал фашистов. Тот, кто видел меня тогда, должно быть, подумал, что я ненормальный».

Палм организовал работу с еврейскими беженцами в городской ратуше Хельсинборга. Тут оформляли соответствующие документы, после чего беженцев отправляли в Мальме. И вот однажды он столкнулся с совершенно неожиданным обстоятельством: группа еврейских беженцев устроила сидячую забастовку в ратуше, отказываясь ехать в Мальме. Отъезд этой группы был совершенно необходим, поскольку на их место должны были прибыть новые беженцы. Как выяснил Палм, это был Йом Кипур — Судный День. В этот день евреи должны посвятить себя очищению от совершенных грехов, им запрещается на протяжении суток заниматься какими-либо повседневными делами, в том числе пользоваться транспортом. Палм позвонил главному раввину Мальме и объяснил, что упорство ортодоксальных евреев срывает прием других беженцев. Раввин немедленно прибыл в Хельсинборг и убедил группу отправиться вместе с ним в Мальме.

Палму пришлось также ввести цензуру писем беженцев, посылаемых в Данию. В большинстве этих

ДАТСКИЙ УРОК

писем и открыток беженцы писали о благополучном прибытии в Швецию и неосторожно называли имена людей, которые помогли им, выражая бесконечную благодарность спасителям. Все эти отправления были уничтожены.

Впоследствии Палм рассказывал: «Мне было крайне неприятно уничтожать эти письма, но если бы немцы перехватили их, они получили бы имена и адреса многих лидеров подполья».

Палм работал в тесном сотрудничестве с фру Бертман и комиссаром шведской полиции Гетэ Фрибером. Многих из беженцев он разместил в своем собственном доме. Когда был организован хельсингерский «Клуб портных-любителей», он наладил постоянный контакт с Эрлингом Киером и Томодом Ларсеном.

По словам Палма, он помогал еврейским беженцам, потому что был убежден в необходимости активного противодействия любым диктаторским режимам. К тому же сыграла роль и его неприязнь и недоверие к немцам. «В отношении немцев необходимо всегда быть начеку, — говорил он. — Один немец может быть вполне порядочным человеком. Иногда даже двое могут быть вполне терпимы. Но если их трое или больше, то они немедленно заорут: *Deutschland über Alles.**

Еще одним шведом, который принял активное участие в судьбе датских беженцев, был Карл Герхардт,

---

* «Германия, Германия превыше всего» — первая строка стихотворения Г. Гоффмана фон Фаллерслебена «Песнь немцев», написанного в 1841 г. и ставшего словами гимна Германии. После поражения в 1918 г. немцам запретили пользоваться этим гимном. Гитлер восстановил его. С 1991 г. в гимне Германии используется третья строфа этого стихотворения.

274

СПАСЕНИЕ ЕВРЕЕВ ДАНИИ

известный в Швеции комедийный актер. Он много помогал своим собратьям по искусству, устраивая их на работу в шведских кабаре и театрах.

Многие датские евреи, оказавшись в Швеции, стали бойцами воинского подразделения известного под названием «Датская бригада». Это подразделение насчитывало в своем составе пять тысяч человек. Все они прошли необходимую подготовку и получили оружие от шведского правительства. Одной из первых, кто вступил в «Бригаду», была Ине Хаксен. Ей удалось узнать имя нациста, пытавшего ее друга Питера П. Родэ, и она горела желанием применить свое умение владеть оружием, чтобы принять участие в освобождении своей страны и лично расправиться с палачом Родэ.

Моугенс Стаффелдт по прибытии в Швецию начал работать в организации датского Красного Креста, составляя по памяти списки датчан, которые, как он знал, оказались в немецких концлагерях. Позднее он стал незаменимым помощником Эббе Мунка, руководителя датского подполья, находившегося в Швеции. Мунк назначил Стаффелдта ответственным за все тайные перевозки между Данией и Швецией.

Юлиус Марголинский большую часть времени своего изгнания работал над статистическим анализом данных о беженцах. Он подготовил справочник «Датские еврейские беженцы в Швеции», включающий двадцать одну таблицу с коментариями, в которых были представлены численные соотношения между еврейскими и нееврейскими беженцами из Дании с учетом их возраста, пола и семейного положения. Кроме того, он фиксировал все рождения, смерти и браки беженцев во время их пребывания в Швеции. Он также подготовил диаграммы, показывающие со-

275

отношения между числом евреев, выходцев из Дании, и теми, кто иммигрировал из Восточной Европы после 1904 г. и после 1933 г. Его статистический справочник содержал также данные о смешанных браках до бегства из Дании и в период нахождения беженцев в Швеции.

Это было весьма впечатляющее статистическое исследование. После войны Марголинский представил его датскому правительству, которое, не подвергая сомнению достоверность *его* (курсив *Х. Ф.*) данных, публикацию справочника, однако, отклонило, поскольку его просто не интересовали статистические материалы, базирующиеся на классификации людей по их религиозной и национальной принадлежности. Это была позиция части датского правительственного истеблишмента, которая нашла свое отражение в официальной подготовке истории датских беженцев в Швеции (*De Danske Flygtninge I Sverige*) под редакцией П. Мюлле и К. Сикера. В этой книге ни разу не упоминаются евреи, говорится только о *беженцах* (курсив *Х. Ф.*).

21

ДОБРО ПОЖАЛОВАТЬ
В ДАНИЮ

> Вам еще предстоит вырасти, расцвести и
> дать потомство;
> Вы пока слишком несчастны для смерти.
>
> *Мортен Нильсен**

Пятница 13 апреля 1945 г. стала счастливым днем
для датских узников Терезина. В концлагерь
въехала машина, на которой развевался шведский флаг. Накануне немцы приказали произвести
тщательную уборку в лагере. Обычно это делалось
перед приездом сотрудников Красного Креста из Шве-

---

* Датский поэт, убитый гитлеровцами; ему был двадцать
один год. *(Примеч. автора.)*

277

ции или Швейцарии. Но хотя люди, вышедшие из машины, действительно были представителями шведского Красного Креста, их миссия в данном случае была намного более важной, чем инспекционный визит. В 8 часов вечера датских заключенных собрали на лагерной площади и сообщили новость: по соглашению, выработанному Ф. Бернадотом и Гиммлером, все датские заключенные должны быть отправлены из Терезина в Швецию. Узники были настолько потрясены услышанным, что встретили это сообщение молчанием. Раввин М. Фридигер так описал свои ощущения: «Я сказал самому себе, что если бы небо вдруг отворило мне свои врата, великолепие, которое я смог бы увидеть там, не произвело бы на меня большего впечатления, чем то, что я услышал. Я стоял, точно в параличе... Неужели это еще один сон? Один из снов, созданных моим воображением? Но это было явью».

Когда шведские представители отбыли, датчан снова собрали на площади. Немцы подтвердили слова представителей шведского Красного Креста, но поставили датским евреям три условия: примерное поведение вплоть до дня отъезда, приведение в порядок территории лагеря и обещание на все вопросы о пребывании в Терезине отвечать, что оно было «продуктивным и счастливым».

Заключенные немедленно согласились со всеми тремя условиями.

Через два дня в Терезин въехали большие шведские автобусы с огромными красными крестами на крышах и по бокам. Семьи Кюрзен, Оппенгейм, Коэн и Фридигер, как и все другие датские заключенные, передали тем, кто оставался в лагере, все имевшиеся у них продукты и лишнюю одежду. Затем они сели в автобусы и под звуки бравурного марша, исполняемого заключенными всех национальностей под управлением немецкого дирижера, выехали за ворота лагеря.

Путь датчан лежал в Мальме. Чтобы добраться туда, предстояло вначале проехать через северную Германию, а затем через Ютландию и Копенгаген. В автобусе вместе с датчанами ехали сопровождавшие их офицеры гестапо. Одеты, однако, они были не в форму, а в гражданскую одежду. Проезжая Германию, датчане видели разрушения, которые нацисты навлекли на свою собственную страну. Они также могли видеть марширующие вдоль обочин воинские части, сформированные из двенадцати-тринадцатилетних мальчишек. Каждый раз, когда автобусы проезжали зону, подвергшуюся усиленным бомбардировкам с воздуха, гестаповцы опускали шторы на окнах. Эти шторы им приходилось опускать и поднимать так часто, что один из шведских шоферов в конце концов не выдержал и выпалил: «Оставьте вы, ради бога, эти шторы в покое! Поднимите или опустите их, но не дергайте туда-сюда каждую минуту. Если вы будете их опускать каждый раз, когда мы проезжаем мимо разбомбленных зданий, у вас руки заболят задолго до того, как мы доберемся до границы».

Гестаповцы промолчали, но оставили шторы опущенными. Пассажиры были слишком запуганы, чтобы протестовать.

Когда шторы наконец были подняты, автобусы пересекли границу и въехали в Данию. На всем пути в Копенгаген выстроились тысячи датчан всех возрастов, они размахивали датскими флагами и радостно кричали: «Добро пожаловать в Данию! Добро пожаловать в Данию!»

Сила Коэн, повернувшись к мужу, спросила:

— Разве сегодня праздник? По какому случаю собрались эти толпы? Почему везде флаги?

— Да, дорогая, это праздник, — ответил он. — Необыкновенный праздник для всех нас. Все эти люди пришли ради нас.

Внезапно толпа запрудила проезжую часть и хлынула навстречу автобусам, вынудив их остановиться. Продолжая размахивать датскими флажками, посылать воздушные поцелуи и петь, люди протягивали в открытые окна автобусов цветы, коробки конфет, шоколад, сигареты и даже бутылки с молоком. Пассажиры были ошеломлены. Один из них вскочил и запел датский государственный гимн, который немедленно подхватили все остальные. Для немцев, сопровождавших автобус, это было уже слишком. Угрожающе размахивая пистолетами, они потребовали, чтобы толпа дала автобусам дорогу.

В Пайборе пассажирам разрешили выйти из автобусов помыться и поесть. Жители города оспаривали друг у друга право пригласить своих соотечественников к себе.

После короткой остановки автобусы продолжили свой путь к Мальме. Когда наконец они въехали в Копенгаген, то были совершенно ошеломлены. Буквально сотни тысяч датчан вышли на улицы приветствовать узников. Радость переполняла сердца беженцев, но в то же время они не могли справиться с печалью.

Ралф Оппенгейм объяснил это так: «Было замечательно выбраться из концлагеря. Еще более прекрасно было видеть, как соотечественники приветствовали наше возвращение домой. Однако мысль, что мы не можем остаться в своей собственной стране, в своем

СПАСЕНИЕ ЕВРЕЕВ ДАНИИ

родном Копенгагене, а должны ехать в Швецию, была ужасной».

Встреча, которую устроили датчане узникам, не входила в планы немцев. Через громкоговорители они объявили, что, если толпа не разойдется, автобусы повернут обратно в Терезин. Ликование толпы сменилось тишиной, но люди не расходились. Молча, широко улыбаясь, они стояли вдоль улиц и продолжали махать своими флажками.

Наконец автобусы привезли бывших заключенных к причалам. Под наблюдением немецкого конвоя они взошли на паромы, направляющиеся в Мальме. Только когда датчане оказались на шведской земле, а немцы на борту судна, идущего в Копенгаген, они дали волю своим чувствам. Сюда, в Мальме, встретить их приехали тысячи датских беженцев, нашедших приют в Швеции. Через два месяца все беженцы вернулись домой, в Данию.

5 мая 1945 г. в Копенгаген вошли британские войска. Днем позже начали прибывать первые подразделения «Датской бригады», но борьба уже в сущности была завершена.

Ине Хаксен взяла увольнительную в своей части. В униформе и с заряженным пистолетом она отправилась на поиски палача ее друга Питера Родэ. От бойцов Сопротивления она узнала, что они уничтожили палача и что Родэ жив и был освобожден в тот самый день.

Моугенс Стаффелдт, прибыв в Копенгаген раньше «Датской бригады», прямиком отправился в свой книжный магазин. Там ему рассказали, что вскоре после его бегства в Швецию, гестаповцы арестовали всех работников магазина, кроме одного. После капитуляции немцев все они вышли из тюрьмы.

281

ДАТСКИЙ УРОК

К концу мая датские беженцы стали возвращаться в страну из Швеции, и к середине июля все они были уже дома. Бенжамин Слор нашел свою квартиру в лучшем состоянии, чем она была, когда он ее покинул. Его друг Хенрик Шмит позаботился сделать в ней ремонт и забил холодильник продуктами на несколько дней. Кроме того, оказалось, что в его отсутствие служащие продолжали вести дело, а прибыль, причем довольно значительную, клали в банк на имя подставного лица, имея в виду, что когда Слор вернется, то сможет ее забрать.

Это не было исключением. Тысячи вернувшихся беженцев были встречены цветами. Ожидая их, соседи и друзья красили и ремонтировали их дома, прибирали в комнатах, набивали холодильники едой, собирали деньги. Вечером того дня, когда Хирш Тшерни и его семья возвратились домой, соседи устроили банкет в их честь. Тем, чьи квартиры и дома были разрушены, датское правительство предоставило жилье.

Многие из вернувшихся обнаружили, что соседи позаботились даже об оставленных домашних животных и цветах. Так, Эрик Герц и его жена нашли свой цветник не в запустении, как ожидали, а в полном порядке — за ним ухаживала их служанка.

Едва ли не единственным датчанином, который по возвращении домой чувствовал себя менее счастливым, чем в Швеции, был член комиссии датского парламента Стефан Гурвиц. «Я попал в Швецию, имея только то, что было на мне надето, — рассказывал Гурвиц. Быть свободным от всего, что тебе принадлежало, так же как и от всех обязанностей, было одним из самых замечательных ощущений, которые я когда-либо испытал. С другой стороны, в день, когда я вер-

282

нулся в Данию, я был очень огорчен пропажей одной из моих шести тысяч книг. Это был том из семидесятидвухтомного собрания Вольтера. Вот вам человеческая природа...» Это, конечно, не типичная реакция, а, скорее, курьез.

Практически все датские беженцы вспоминают свое возвращение домой как самый прекрасный день своей жизни. Это замечательно выразил раввин Мельхиор: «Народы других стран и в прошлом позволяли своим евреям уходить и, быть может, были рады избавиться от них, особенно, когда к этому добавлялась возможность присвоить их собственность и капитал. В таких случаях сказать «Прощайте» им было легче, чем «С возвращением!» Но когда мы вернулись, наши соотечественники, датчане, встретили нас искренним: «Добро пожаловать домой». Да и как это было сказано! — с чувством, с раскрытыми объятиями и открытыми сердцами. Датчане позаботились о наших домах, о нашей собственности и деньгах, и все это они нам вернули. В большинстве случаев мы нашли наши дома заново покрашенными, а на столе стояли цветы. Вы не можете даже представить себе, какое счастье мы испытали, возвратясь домой. Радушная встреча, которую оказал нам король Дании и весь народ — самое важное и счастливое событие в истории датской еврейской общины».

22

ПОЧЕМУ ДАТЧАНЕ?

Можно смело сказать, что именно с этого момента чума стала нашим общим делом. До этого каждый из наших сограждан, несмотря на тревогу и недоумение, порожденные этими из ряда вон выходящими событиями, продолжал как мог заниматься своими делами, оставаясь на своем прежнем месте.*

Альбер Камю

Датчане не были единственными, кто проявил героизм в спасении евреев. В каждой стране, оказавшейся под нацистским управлением, включая саму Германию, находились отдельные люди, которые проявили мужество и человечность. В

---

* Перевод Н. Жарковой.

СПАСЕНИЕ ЕВРЕЕВ ДАНИИ

Болгарии, Италии и Голландии таких людей оказалось немало.* Но только в одной стране, только в Дании почти все ее еврейское население было спасено. Только в Дании все — от короля до рыбака — приняли активное участие в спасении евреев. *И только в Дании, после Второй мировой войны более, чем 98,5 процентов евреев остались живы* (курсив Х. Ф.).

Почему? Почему именно датчане вели себя столь отважно и благородно?

На этот вопрос нет одного ответа. Их много. И мы никогда не узнаем их все. Если бы мы знали все ответы, то, вероятно, оказались бы способны навсегда покончить с бесчеловечностью. Или, что более важно, мы оказались бы в состоянии найти формулу человечности. Тем не менее имеет смысл привести здесь некоторые из ответов.

Один из важных факторов — это географическая близость Дании к нейтральной Швеции, которая после 1943 г. была готова принять у себя всех беженцев, сумевших добраться до ее берегов. У датчан, по крайней мере, имелось безопасное укрытие, куда они могли направить своих евреев. Этого нельзя сказать в отношении народов большинства оккупированных немцами стран.

Удача тоже сыграла свою роль. Датчанам повезло, что Дуквиц, ответственный за транспортные операции, был противником нацистской политики пресле-

---

* В то время, когда Харолд Флендер писал эту книгу, он не мог еще знать многих фактов спасения простыми людьми и теми, кто имел властные или дипломатические полномочия, евреев в оккупированных нацистами Франции, Польше, Литве, Украине и других странах. Память о каждом из этих людей будут хранить деревья в «Аллее праведников мира» в Израиле.

дования евреев и пошел на смертельный риск, передав датчанам секретную информацию о готовящейся депортации евреев. Если бы датчане не получили заранее предупреждение Дуквица, у них было бы мало, а то и никаких возможностей что-либо предпринять. Дуквиц был не единственным немцем в Дании, кто не разделял звериного антисемитизма Гитлера. В оккупационных войсках было немало зрелых людей, особенно лет сорока-пятидесяти, которые, в отличие от более молодых немцев, не верили в фашистский «новый порядок». Известно несколько примеров, когда офицеры Вермахта уклонялись от сотрудничества с гестапо при аресте евреев. По рассказам, один из них в ответ на доклад подчиненного, что евреи садятся на рыболовные суда в гавани, ответил: «Эти люди — забота гестапо, а не наша. Поэтому не мешай мне спокойно допить мое пиво».

Для многих датчан спасение евреев было, как правило, еще и выражением протеста против оккупации. К осени 1943 г. природа нацизма была глубоко отвратительна датскому населению. Распространяемые повсеместно газеты и листовки датского Сопротивления сообщали о немецких зверствах по всему континенту. Вдобавок многие датчане были в ярости от карточек на продукты питания, введенные немцами. Они искали случая, чтобы выразить протест. Этот случай представился, когда немцы решили осуществить свое «окончательное решение еврейского вопроса» в Дании. Помочь евреям бежать было все равно, что влепить немцам пощечину.

Для многих более молодых датчан начальным мотивом было стремление к приключениям. Поскольку немцы на протяжении первых лет оккупации не особенно бесчинствовали, у этих юных датчан было сла-

СПАСЕНИЕ ЕВРЕЕВ ДАНИИ

бое представление о жестокости, с которой они действовали в других странах. На земле Дании не было своей Лидице или Орадур-Сюр-Глан.*

Важную роль сыграло поведение короля, церкви, общественных и деловых лидеров. Они подавали населению вдохновляющий пример сопротивления.

Значение имело и то, что в Дании было много смешанных браков. У многих датчан были близкие родственники евреи, и редко случалось, чтобы еврейская семья не имела родственника-датчанина. А если уж не было родственников, то почти всегда были близкие друзья. Датские евреи никогда не были вынуждены рассчитывать только на себя, они знали, что найдут поддержку среди коренного населения.

Все это, безусловно, в какой-то мере объясняет датский феномен спасения евреев, но тем не менее не дает ответа на главный вопрос: почему *все население Дании спонтанно, само, начало помогать евреям* (курсив *X. Ф.*).

Ответ следует искать в традициях датской демократии.

Чтобы понять различия между народами, мы должны знать их традиции. В этом смысле трудно найти страны, столь диаметрально противоположные, чем Дания и Германия.

Преступления против евреев в Германии не были изначально порождены приходом нацистов к власти. История показывает, что немцы уже в давние времена начали преследование евреев. В 1283 г. христианская толпа в Майнце отметила празднование сво-

---

* Поселки в Чехословакии и Франции, которые гитлеровцы в 1942 г. и 1944 г. стерли с лица земли, уничтожив всех их жителей.

ей Пасхи убийством десяти евреев. Двумя годами позже, в Мюнхене, уже другая группа немцев подожгла синагогу и сожгла 180 евреев. В 1286 г. в Обервесселе толпа немцев убила сорок евреев. Зародившаяся «традиция» продолжалась в полной мере все средневековье. Основатель протестантизма Мартин Лютер призывал немцев к истреблению евреев, он хотел, чтобы они видели «их синагоги и школы горящими в огне, их дома разгромленными и уничтоженными… а их самих, отданными в услужение или работающими на скотных дворах, как цыгане…».

В своих мерзко знаменитых юдофобских памфлетах, с которыми столетия спустя, можно сравнить лишь речения идеологов нацизма, в частности Юлиуса Штрейхера,* Лютер писал: «Дьявол облегчился и снова опорожнил свою утробу, и это составляет для евреев и желающих быть евреями действительную реликвию, чтобы целовать, поедать, пить и поклоняться ей. Затем дьявол в свою очередь пожирает и пьет то, что эти достойные его последователи изрыгают и извергают из себя сверху и снизу… Дьявол со своим ангельским рылом пожирает то, что выделяется из ротовых и заднепроходных отверстий евреев; это в действительности его излюбленное блюдо, на которое он с жадностью набрасывается, как свинья в хлеву…»

В Дании, в отличие от Германии, не существует традиционного антисемитизма. Как упоминалось выше, датский парламент в 1690 г. отверг идею создания гетто в Копенгагене, назвав саму концепцию «не свойственным человеку образом жизни». В 1814 г. в

---

* Нюрнбергский издатель нацистского еженедельника «Дер Штюрмер», один из ближайших друзей Гитлера.

СПАСЕНИЕ ЕВРЕЕВ ДАНИИ

Дании были запрещены законом все виды расовой и религиозной дискриминации. Датчане, спасавшие евреев, были взращены на датской традиции демократии, в которой никогда не было места никаким формам расизма.

Чтобы понять, почему эти датчане действовали так, как они действовали, надо знать, что на протяжении столетий мировоззрение датчан во всех сферах жизни было ориентировано на человеколюбие, порядочность, заботу в отношении *всех* граждан. Дания как экономически, так и политически, — это одна из старейших демократий в мире, где равенство и свобода не пустые слова. Образование давно стало делом первостепенной важности, не существует безграмотности, обучение во всех учебных заведениях — от детского сада до университета — бесплатное.

Университет в Копенгагене был построен еще до того, как Христофор Колумб отправился на поиски кратчайшего морского пути в Индию. Забота датчан обо всех своих гражданах проявляется не только в предоставлении возможности бесплатного образования, но и в области социальной защиты, где Дания давно является лидером среди других стран. Страхование в случае потери работы, страхование работника, оплачиваемое работодателем, государственная система здравоохранения и пенсии по старости для каждого датского гражданина были стандартом жизни в Дании задолго до Второй мировой войны. Все это несомненно сказалось на формировании современного датчанина, давая ему уверенность в себе, веру в собственную значимость, чувство собственного достоинства и чувство ответственности за своих сограждан.

То что совершили датчане, было естественным ответом народа, живущего в стране подлинной демократии.

ДАТСКИЙ УРОК

Действия в традициях своей демократии никогда не были для датчан чем-то ушедшим в прошлое. Они всегда старались следовать им. Не случайно, когда в 1946 г. 6-я парашютная дивизия Британской армии была направлена в Палестину, датские волонтеры, которые вступили в дивизию во время войны, обратились с просьбой освободить их от участия в боевых действиях против еврейского народа.

Другим примером того, что датчане продолжают следовать своим моральным принципам, служат события, произошедшие вскоре после Венгерского восстания 1956 г.* Датчане предоставили кров более чем тысяче венгерских беженцев, и, к великому своему огорчению, обнаружили, что некоторые из них оказались открытыми антисемитами. Один из лидеров такой венгерской группы бахвалился тем, что, когда в его стране наступит подлинная свобода, «все евреи будут повешены». Со времен немецкой оккупации датчанам не приходилось встречаться с таким расизмом. Они решили что-то предпринять, чтобы с этим покончить. Веря в то, что самым лучшим учителем служит пример, они решили преподать беженцам-расистам урок датской концепции братства людей. Действуя тактично, без какой-либо театральности, они организовали обеды для венгров в частных домах, на которых присутствовали как евреи, так и неевреи. Был подан венгерский гуляш, и хозяева вручили каждому беженцу по десять крон на рождественские покупки. Результаты этих обедов, по словам их организаторов,

---

* Народное восстание в октябре 1956 г., которое было жестоко подавлено армией СССР, а правительство Имре Надя, объявившее о выходе Венгрии из Варшавского договора, арестовано.

были в основном радующими. Подлинное тепло человеческих чувств и сведение вместе людей на основе общих интересов оказались великолепным противоядием расовой отраве.

Демократизм датчан — это своего рода незатухающий огонь, хранителем которого являются датские традиции. Когда время потребовало, это пламя вырвалось наружу во всей величественной красоте, чтобы согреть сердца человечества.

То, что совершили датчане в октябре 1943 г., спасая своих соотечественников-евреев, придало дополнительное звучание первой строке датского государственного гимна: *Der er et yndigt lande* — «Это прекрасная страна».

Копенгаген—Стокгольм—Нью-Йорк
1962 г.

БЛАГОДАРНОСТИ

Я ХОЧУ ПОБЛАГОДАРИТЬ Ричарда Симановского, продюссера телевидения и, что важнее, друга, который сделал возможной мою первую поездку в Данию. Его суждение и понимание в значительной мере определили успех нашего документального фильма о спасении евреев.

Щедрая финансовая поддержка организации «Бнай Брит» и Антидиффамационной Лиги (АДЛ) позволили мне во второй раз и на более продолжительный срок поехать в Данию.

На протяжении всей работы я ощущал поддержку и помощь, которую оказывали мне Арнольд Форстер, Бенжамин Эпштейн и Оскар Коэн, представлявшие АДЛ. И особено я признателен Лейбу Кацу, президенту «Бнай Брит».

Ни фильм, ни эта книга не смогли бы увидеть свет без помощи молодого, неутомимого датчанина Бенни Кюрзена. Он оказался невероятно полезным агентом, исследователем и переводчиком.

Среди других исследователей и переводчиков, также оказавших очень большую помощь, были Улф Хаксен, Барбро Бомен, Бесси Хелквист и Карэн Имануэл. Джек Бейкер сделал перевод нескольких документов с немецкого.

Оле Барфед, Юлиус Марголинский, Моугенс Стаффелдт и Уолтер Емлингтон делали все возможное, чтобы помочь в организации встреч и предоставить необходимые материалы, сведения, факты.

Наряду с другими, кто щедро дарил свое время, были Нильс Бор, раввин Маркус Мельхиор, Ине Хаксен, Бенжамин Слор, Сила Коэн, Стефан Гурвиц, Артур Фридигер, Ралф Оппенгейм, Пинхес Уэлнер, д-р К. Кюстер, Йенс Лиллелунд, супруги Эйге, посол Хенрик Кауфман, Лио Натан, капитан Кристиан Кислинг и его жена, Йорген Кнудсен, Роза Кротошински, Инге Йенсен, пастор П. Борсиниус, Карл Нэш Хендриксен, Мендел Катлев, Магнус Рубен, Эрлинг Киер, Томод Ларсен, Бюрже Рюне, Оле Хелвег, П. Кристофер Хансен, Аксел Олсен, Эллен Нилсен, Элиз Шмидт-Петересен, Хенрик Грюнбаум, Бенжамин Кюрзен, Карл Палм, Роза Бертман и Арнэ Сайер.

Очень полезной была помощь Иоханесса Лорсена и Хаселрииса из Датского информационного агентства в Нью-Йорке, а также Хельмута Рюкригеля из Немецкого информационного агентства.

Правительство Израиля было настолько любезно, что выслало мне фотокопии документов, представленные в суде над Эйхманом и относящиеся к периоду немецкой оккупации Дании.

Ряд конструктивных предложений в отношении рукописи принадлежит моей тете, Минне Сейтцман. Я глубоко в долгу перед ней за ее советы и понимание.

Я также считаю своим долгом поблагодарить моего агента Джорджа Борчардта, который с самого начала поддержал идею создания этой книги, и моего редактора Майкла В. Корду за бесценную помощь.

Харолд Флендер

КНИГИ ИЗДАТЕЛЬСТВА «ЛИБЕРТИ»
LIBERTY PUBLISHING HOUSE
www.Liberty-Publishing.com

Заказы с предоплатой посылать по адресу:
LIBERTY PUBLISHING HOUSE
475 Fifth Avenue, Suite 511
New York, NY 10017-7274

ПОЗВОНИВ ПО ТЕЛ. (212) 213-2126,
ВЫ МОЖЕТЕ ОПЛАТИТЬ СВОЙ ЗАКАЗ КРЕДИТНЫМИ
КАРТОЧКАМИ VISA, MASTERCARD

Пересылка в США включена в стоимость книг.

НОВИНКИ

Харольд Флендер. ДАТСКИЙ УРОК. Спасение датских евреев	282 с.	$14
Анна Гейфман. НА СЛУЖБЕ У СМЕРТИ. Русские корни современного терроризма	240 с.	$12
Борис Могилевский. ЗАПИСКИ АФЕРИСТА-АНТИКВАРА	282 с.	$14
Грегори Хаймовский. ЗАВЕЩАНИЕ РАФАЭЛЯ	160 с.	$12
Владимир Симонов. В ПОИСКАХ ЖЕНЩИНЫ	160 с.	$12
Илья Ох. Я СЫН ЕВРЕЙСКОГО МЕСТЕЧКА	280 с.	$12
Зинаида Михайлова. ОТ ТЕРЕКА ДО ГУДЗОНА. Русско-американская трагикомедия (в трех томах)	1800 с.	$45
Валерия Коренная. ПАСЬЯНС ДЛИНОЮ В ЖИЗНЬ	189 с.	$12
Алевтина Игнатьева. ЧЕРЕЗ ГОДЫ, ЧЕРЕЗ РАССТОЯНИЯ	272 с.	$12
Константин Преображенский. КГБ В РУССКОЙ ЭМИГРАЦИИ	197 с.	$12

РУССКАЯ, СОВЕТСКАЯ И МИРОВАЯ ИСТОРИЯ

Аркадий Ваксберг. СТАЛИН ПРОТИВ ЕВРЕЕВ	420 с.	$14
Збигнев Бжезинский. БОЛЬШОЙ ПРОВАЛ	253 с.	$16
Александр Янов. РУССКАЯ ИДЕЯ и 2000 год	340 с.	$17
Александр Зиновьев. ГОРБАЧЕВИЗМ	165 с.	$13
Джоель Кармайкл. ЗАГАДКА СМЕРТИ ИИСУСА	253 с.	$14
Борис Хазанов. МИФ РОССИЯ	180 с.	$15
Эдвард Радзинский. НИКОЛАЙ II	570 с.	$15
Заур Гасанов. ЦАРСКИЕ СКИФЫ	486 с.	$25
Сергей Шахмаев. КАБАК НА РУСИ	160 с.	$14
Александр Литвиненко, Юрий Фельштинский ФСБ ВЗРЫВАЕТ РОССИЮ	272 с.	$15
Рэй Клайн. ЦРУ	300 с.	$17
Леопольд Трэппер. БОЛЬШАЯ ИГРА	431 с.	$19
Джордж Буш Старший. ТОЛЬКО ВПЕРЕД. Автобиография	284 с.	$15

Джон Салливан. ЛЮБОВНИЦЫ АМЕРИКАНСКИХ
ПРЕЗИДЕНТОВ   288 с. $15

ПОЛИТИЧЕСКИЙ ЮМОР И САТИРА

Аркадий Арканов. ОТ ИЛЬИЧА ДО ЛАМПОЧКИ   128 с. $15
Л. и А.Шаргородские. ПЕЧАЛЬНЫЙ ПЕРЕСМЕШНИК 235 с. $14
Лери. ОНЕГИН НАШИХ ДНЕЙ   157 с. $13

ХУДОЖЕСТВЕННАЯ ЛИТЕРАТУРА И ПОЭЗИЯ

Евгений Евтушенко. НЕ УМИРАЙ ПРЕЖДЕ СМЕРТИ 540 с. $15
Юрий Дружников. АНГЕЛЫ НА КОНЧИКЕ ИГЛЫ   540 с. $15
Роман Солод. СОЛДАТ САТАНЫ   240 с. $13
Виссарион Сиснев. В ВЫСШЕМ ОБЩЕСТВЕ   527 с. $20
Евгений Евтушенко. ИЗБРАННОЕ. Поэзия   642 с. $65
Давид Маркиш. ПОЛЮШКО-ПОЛЕ   240 с. $14
Юлия Вознесенская. ЗВЕЗДА ЧЕРНОБЫЛЬ   210 с. $15
Генри Миллер. ТРОПИК РАКА   320 с. $16
Ростислав Дижур. СООБЩЕННОСТЬ. Сб. стихов 318 с. $12
Соня Бурлан. ПЕЧАЛИ ЗЛОЙ УКУС. Сб. стихов 118 с. $10
Александр Загорулько. ЗОЛОТОЕ ЗВЕНО.
    Сб. стихов *на рус. и англ. языках*   160 с. $12
Григорий Хаймовский. БЕЛЫЙ БАФФАЛО   140 с. *распродана*
Gregory Haimovsky. WHITE BUFFALO   153 p. $13
Курт Воннегут. ПРАМАТЕРЬ-НОЧЬ   230 с. $14

ВОСПОМИНАНИЯ

Светлана Аллилуева. ДАЛЕКАЯ МУЗЫКА   293 с. $16
Светлана Аллилуева. КНИГА ДЛЯ ВНУЧЕК   163 с. $14
Виталий Коротич. ЗАЛ ОЖИДАНИЯ   180 с. $14
Анатолий Карпов. СЕСТРА МОЯ КАИССА   271 с. $16
Мария Столыпина (Бок). МОЙ ОТЕЦ СТОЛЫПИН   240 с. $14
Елена Бонер. ДОЧКИ-МАТЕРИ   336 с. *распродана*
Андрей Сахаров. ГОРЬКИЙ—МОСКВА   270 с. $14
Михаил Цирюльников. СЕКРЕТНЫЕ ЗАПИСКИ
    ГИНЕКОЛОГА   172 с. $13
Сара Хургина. БУРИ И ХАМСИНЫ МОЕЙ ЖИЗНИ   294 с. $20
Григорий Хаймовский. В ПОИСКАХ ОСТРОВА РАДОСТИ 312 с.
распродана

ПУТЕВОДИТЕЛИ

ПУТЕВОДИТЕЛЬ ПО МАНХЭТТЕНУ   240 с. $13
ПУТЕВОДИТЕЛЬ ПО ФИЛАДЕЛЬФИИ   280 с. $15

СПРАВОЧНАЯ И НАУЧНАЯ ЛИТЕРАТУРА

Марк Бердичевский. ЛИК НЕИЗБЕЖНОСТИ.
    Смерть в различных религиях, философии,
    современной науке и паранаучных воззрениях 304 с. $15
Дж. Фриденберг, К.Бредли. КАК НАЙТИ РАБОТУ
    В АМЕРИКЕ *(на рус. и англ. языках)*   320 с. $14

АМЕРИКАНСКАЯ СЕМЕЙНАЯ МЕДИЦИНСКАЯ
    ЭНЦИКЛОПЕДИЯ   1008 с. $19.95
СОБРАНИЕ СТАРЫХ И РЕДКИХ РУССКИХ КНИГ
    Каталог частной библиотеки; 460 с., 68 цв. илл.;
    коллекционное пронумерованное издание —
    всего 200 экз. По поводу цены звонить в изд-во.

ПОЛИТИЧЕСКИЕ ДЕТЕКТИВЫ

Том Кленси. ОХОТА ЗА «КРАСНЫМ ОКТЯБРЕМ»   535 с. $20
Том Кленси. ИГРЫ ПАТРИОТОВ   435 с. $17
Эдуард Тополь. РУССКАЯ СЕМЕРКА   328 с. $16
Дэннис Джонс. Операция «ЗИМНИЙ ДВОРЕЦ»   356 с. $16
Владимир Соловьев. ОПЕРАЦИЯ «МАВЗОЛЕЙ»   185 с. $13

КНИГИ ПЕРЕБЕЖЧИКОВ

Аркадий Шевченко. РАЗРЫВ С МОСКВОЙ   528 с. $19
Станислав Левченко. ПРОТИВ ТЕЧЕНИЯ.
    МОИ 10 ЛЕТ В КГБ   260 с. $15
Александра Коста. СТРАННИК С ОДИНОКОЙ ЗВЕЗДЫ   310 с. $17

ЗАНИМАТЕЛЬНОЕ ЛИТЕРАТУРОВЕДЕНИЕ

Григорий Померанц. ОТКРЫТОСТЬ БЕЗДНЕ.
    ЭТЮДЫ О ДОСТОЕВСКОМ   400 с. $18
Давид Шраер-Петров. ДРУЗЬЯ И ТЕНИ   283 с. $18
Юрий Дружников. РУССКИЕ МИФЫ   328 с. $15

ИЗРАИЛЬСКАЯ РАЗВЕДКА

Джордж Джонас. МЕСТЬ   380 с. $19
Стюарт Стивен. АСЫ ШПИОНАЖА   452 с. $18
Дэнис Айзенберг и др. ОПЕРАЦИЯ «УРАН»   243 с. $14